NORUEGUÊS
VOCABULÁRIO

PALAVRAS MAIS ÚTEIS

PORTUGUÊS
NORUEGUÊS

Para alargar o seu léxico e apurar
as suas competências linguísticas

3000 palavras

Vocabulário Português-Norueguês - 3000 palavras

Por Andrey Taranov

Os vocabulários da T&P Books destinam-se a ajudar a aprender, a memorizar, e a rever palavras estrangeiras. O dicionário é dividido em temas, cobrindo todas as principais esferas de atividades quotidianas, negócios, ciência, cultura, etc.

O processo de aprendizagem, utilizando os dicionários baseados em temáticas da T&P Books dá-lhe as seguintes vantagens:

- Informação de origem corretamente agrupada predetermina o sucesso em fases subsequentes da memorização de palavras
- Disponibilização de palavras derivadas da mesma raiz, o que permite a memorização de unidades de texto (em vez de palavras separadas)
- Pequenas unidades de palavras facilitam o processo de estabelecimento de vínculos associativos necessários para a consolidação do vocabulário
- O nível de conhecimento da língua pode ser estimado pelo número de palavras aprendidas

T&P Books Publishing
www.tpbooks.com

ISBN: 978-1-78492-034-0

Este livro também está disponível em formato E-book.
Por favor visite www.tpbooks.com ou as principais livrarias on-line.

VOCABULÁRIO NORUEGUÊS
palavras mais úteis

Os vocabulários da T&P Books destinam-se a ajudar a aprender, a memorizar, e a rever palavras estrangeiras. O vocabulário contém mais de 3000 palavras de uso comum organizadas tematicamente.

O vocabulário contém as palavras mais comummente usadas
Recomendado como adicional para qualquer curso de línguas
Satisfaz as necessidades dos iniciados e dos alunos avançados de línguas estrangeiras
Conveniente para o uso diário, sessões de revisão e atividades de auto-teste
Permite avaliar o seu vocabulário

Características especias do vocabulário

· As palavras estão organizadas de acordo com o seu significado, e não por ordem alfabética
· As palavras são apresentadas em três colunas para facilitar os processos de revisão e auto-teste
· As palavras compostas são divididas em pequenos blocos para facilitar o processo de aprendizagem
· O vocabulário oferece uma transcrição simples e adequada de cada palavra estrangeira

O vocabulário contém 101 tópicos incluindo:

Conceitos básicos, Números, Cores, Meses, Estações do ano, Unidades de medida, Roupas & Acessórios, Alimentos & Nutrição, Restaurante, Membros da Família, Parentes, Caráter, Sentimentos, Emoções, Doenças, Cidade, Passeios, Compras, Dinheiro, Casa, Lar, Escritório, Trabalho no Escritório, Importação & Exportação, Marketing, Pesquisa de Emprego, Desportos, Educação, Computador, Internet, Ferramentas, Natureza, Países, Nacionalidades e muito mais ...

TABELA DE CONTEÚDOS

4

GUIA DE PRONUNCIAÇÃO

Letra	Exemplo Norueguês	Alfabeto fonético T&P	Exemplo Português
Aa	plass	[ɑ], [ɑ:]	amar
Bb	bøtte, albue	[b]	barril
Cc [1]	centimeter	[s]	sanita
Cc [2]	Canada	[k]	kiwi
Dd	radius	[d]	dentista
Ee	rett	[e:]	plateia
Ee [3]	begå	[ɛ]	mesquita
Ff	fattig	[f]	safári
Gg [4]	golf	[g]	gosto
Gg [5]	gyllen	[j]	géiser
Gg [6]	regnbue	[ŋ]	alcançar
Hh	hektar	[h]	[h] suave
Ii	kilometer	[ɪ], [i]	sinónimo
Kk	konge	[k]	kiwi
Kk [7]	kirke	[h]	[h] suave
Jj	fjerde	[j]	géiser
kj	bikkje	[h]	[h] suave
Ll	halvår	[l]	libra
Mm	middag	[m]	magnólia
Nn	november	[n]	natureza
ng	id_langt	[ŋ]	alcançar
Oo [8]	honning	[ɔ]	emboço
Oo [9]	fot, krone	[u]	bonita
Pp	plomme	[p]	presente
Qq	sequoia	[k]	kiwi
Rr	sverge	[r]	riscar
Ss	appelsin	[s]	sanita
sk [10]	skikk, skyte	[ʃ]	mês
Tt	stør, torsk	[t]	tulipa
Uu	brudd	[y]	questionar
Vv	kraftverk	[v]	fava
Ww	webside	[v]	fava
Xx	mexicaner	[ks]	perplexo
Yy	nytte	[ɪ], [i]	sinónimo
Zz [11]	New Zealand	[s]	spitz alemão
Ææ	vær, stær	[æ]	semana
Øø	ørn, gjø	[ø]	orgulhoso
Åå	gås, værhår	[o:]	albatroz

Comentários

[1] antes de **e, i**
[2] noutras situações
[3] não acentuado
[4] antes de **a, o, u, å**
[5] antes de **i** e **y**
[6] em combinação **gn**
[7] antes de **i** e **y**
[8] antes de duas consoantes
[9] antes de uma consoante
[10] antes de **i** e **y**
[11] apenas em estrangeirismos

ABREVIATURAS
usadas no vocabulário

Abreviaturas do Português

adj	- adjetivo
adv	- advérbio
anim.	- animado
conj.	- conjunção
desp.	- desporto
etc.	- etecetra
ex.	- por exemplo
f	- nome feminino
f pl	- feminino plural
fem.	- feminino
inanim.	- inanimado
m	- nome masculino
m pl	- masculino plural
m, f	- masculino, feminino
masc.	- masculino
mat.	- matemática
mil.	- militar
pl	- plural
prep.	- preposição
pron.	- pronome
sb.	- sobre
sing.	- singular
v aux	- verbo auxiliar
vi	- verbo intransitivo
vi, vt	- verbo intransitivo, transitivo
vr	- verbo reflexivo
vt	- verbo transitivo

Abreviaturas do Norueguês

f	- nome feminino
f pl	- feminino plural
m	- nome masculino
m pl	- masculino plural
m/f	- masculino, neutro
m/f pl	- masculino/feminino plural
m/f/n	- masculino/feminino/neutro
m/n	- masculino, feminino

n	-	neutro
n pl	-	neutro plural
pl	-	plural

CONCEITOS BÁSICOS

1. Pronomes

eu	jeg	['jæj]
tu	du	[dʉ]
ele	han	['hɑn]
ela	hun	['hʉn]
ele, ela (neutro)	det, den	['de], ['den]
nós	vi	['vi]
vocês	dere	['derə]
eles, elas	de	['de]

2. Cumprimentos. Saudações

Olá!	Hei!	['hæj]
Bom dia! (formal)	Hallo! God dag!	[hɑ'lʉ], [gʉ 'dɑ]
Bom dia! (de manhã)	God morn!	[gʉ 'mɔːn]
Boa tarde!	God dag!	[gʉ'dɑ]
Boa noite!	God kveld!	[gʉ 'kvɛl]
cumprimentar (vt)	å hilse	[ɔ 'hilsə]
Olá!	Hei!	['hæj]
saudação (f)	hilsen (m)	['hilsən]
saudar (vt)	å hilse	[ɔ 'hilsə]
Como vai?	Hvordan står det til?	['vʉːdɑn stoːr de til]
Como vais?	Hvordan går det?	['vʉːdɑn gor de]
O que há de novo?	Hva nytt?	[vɑ 'nʏt]
Adeus! (formal)	Ha det bra!	[hɑ de 'brɑ]
Até à vista! (informal)	Ha det!	[hɑ 'de]
Até breve!	Vi ses!	[vi sɛs]
Adeus!	Farvel!	[fɑr'vɛl]
despedir-se (vr)	å si farvel	[ɔ 'si fɑr'vɛl]
Até logo!	Ha det!	[hɑ 'de]
Obrigado! -a!	Takk!	['tɑk]
Muito obrigado! -a!	Tusen takk!	['tʉsən tɑk]
De nada	Bare hyggelig	['bɑrə 'hʏgeli]
Não tem de quê	Ikke noe å takke for!	['ikə 'nʉe ɔ 'tɑkə fɔr]
De nada	Ingen årsak!	['iŋən 'oːʂɑk]
Desculpa!	Unnskyld, …	['ʉnˌʂyl …]
Desculpe!	Unnskyld meg, …	['ʉnˌʂyl me …]
desculpar (vt)	å unnskylde	[ɔ 'ʉnˌʂylə]
desculpar-se (vr)	å unnskylde seg	[ɔ 'ʉnˌʂylə sæj]

As minhas desculpas	Jeg ber om unnskyldning	[jæj ber ɔm 'ʉnˌsyldniŋ]
Desculpe!	Unnskyld!	['ʉnˌsyl]
perdoar (vt)	å tilgi	[ɔ 'tilˌji]
Não faz mal	Ikke noe problem	['ikə 'nʉe prʊ'blem]
por favor	vær så snill	['vær ʂɔ 'snil]

Não se esqueça!	Ikke glem!	['ikə 'glem]
Certamente! Claro!	Selvfølgelig!	[sɛl'følgəli]
Claro que não!	Selvfølgelig ikke!	[sɛl'følgəli 'ikə]
Está bem! De acordo!	OK! Enig!	[ɔ'kɛj], ['ɛni]
Basta!	Det er nok!	[de ær 'nɔk]

3. Questões

Quem?	Hvem?	['vɛm]
Que?	Hva?	['vɑ]
Onde?	Hvor?	['vʊr]
Para onde?	Hvorhen?	['vʊrhen]
De onde?	Hvorfra?	['vʊrfrɑ]
Quando?	Når?	[nɔr]
Para quê?	Hvorfor?	['vʊrfʊr]
Porquê?	Hvorfor?	['vʊrfʊr]

Para quê?	Hvorfor?	['vʊrfʊr]
Como?	Hvordan?	['vʊːdɑn]
Qual?	Hvilken?	['vilkən]
Qual? (entre dois ou mais)	Hvilken?	['vilkən]

A quem?	Til hvem?	[til 'vɛm]
Sobre quem?	Om hvem?	[ɔm 'vɛm]
Do quê?	Om hva?	[ɔm 'vɑ]
Com quem?	Med hvem?	[me 'vɛm]
Quantos? -as?	Hvor mange?	[vʊr 'mɑŋə]
Quanto?	Hvor mye?	[vʊr 'mye]
De quem? (masc.)	Hvis?	['vis]

4. Preposições

com (prep.)	med	[me]
sem (prep.)	uten	['ʉtən]
a, para (exprime lugar)	til	['til]
sobre (ex. falar ~)	om	['ɔm]
antes de ...	før	['før]
diante de ...	foran, framfor	['fɔrɑn], ['frɑmfɔr]

sob (debaixo de)	under	['ʉnər]
sobre (em cima de)	over	['ɔvər]
sobre (~ a mesa)	på	['pɔ]
de (vir ~ Lisboa)	fra	['frɑ]
de (feito ~ pedra)	av	[ɑː]
dentro de (~ dez minutos)	om	['ɔm]
por cima de ...	over	['ɔvər]

5. Palavras funcionais. Advérbios. Parte 1

Onde?	Hvor?	['vʊr]
aqui	her	['hɛr]
lá, ali	der	['dɛr]

em algum lugar	et sted	[et 'sted]
em lugar nenhum	ingensteds	['iŋənˌstɛts]

ao pé de ...	ved	['ve]
ao pé da janela	ved vinduet	[ve 'vindʉə]

Para onde?	Hvorhen?	['vʊrhen]
para cá	hit	['hit]
para lá	dit	['dit]
daqui	herfra	['hɛrˌfrɑ]
de lá, dali	derfra	['dɛrˌfrɑ]

perto	nær	['nær]
longe	langt	['lɑŋt]

perto de ...	nær	['nær]
ao lado de	i nærheten	[i 'nærˌhetən]
perto, não fica longe	ikke langt	['ikə 'lɑŋt]

esquerdo	venstre	['vɛnstrə]
à esquerda	til venstre	[til 'vɛnstrə]
para esquerda	til venstre	[til 'vɛnstrə]

direito	høyre	['højrə]
à direita	til høyre	[til 'højrə]
para direita	til høyre	[til 'højrə]

à frente	foran	['fɔrɑn]
da frente	fremre	['frɛmrə]
em frente (para a frente)	fram	['frɑm]

atrás de ...	bakom	['bɑkɔm]
por detrás (vir ~)	bakfra	['bakˌfrɑ]
para trás	tilbake	[til'bɑkə]

meio (m), metade (f)	midt (m)	['mit]
no meio	i midten	[i 'mitən]

de lado	fra siden	[fra 'sidən]
em todo lugar	overalt	[ɔvər'alt]
ao redor (olhar ~)	rundt omkring	['rʉnt ɔm'kriŋ]

de dentro	innefra	['inəˌfrɑ]
para algum lugar	et sted	[et 'sted]
diretamente	rett, direkte	['rɛt], ['di'rɛktə]
de volta	tilbake	[til'bɑkə]

de algum lugar	et eller annet steds fra	[et 'elər ˌaːnt 'stɛts fra]
de um lugar	et eller annet steds fra	[et 'elər ˌaːnt 'stɛts fra]

14

em primeiro lugar	for det første	[for de 'fœʂtə]
em segundo lugar	for det annet	[for de 'ɑːnt]
em terceiro lugar	for det tredje	[for de 'trɛdje]

de repente	plutselig	['plʉtseli]
no início	i begynnelsen	[i be'jinəlsən]
pela primeira vez	for første gang	[for 'fœʂtə ˌgɑŋ]
muito antes de ...	lenge før ...	['leŋə 'før ...]
de novo, novamente	på nytt	[pɔ 'nʏt]
para sempre	for godt	[for 'gɔt]

nunca	aldri	['aldri]
de novo	igjen	[i'jɛn]
agora	nå	['nɔ]
frequentemente	ofte	['ɔftə]
então	da	['dɑ]
urgentemente	omgående	['ɔmˌgɔːnə]
usualmente	vanligvis	['vɑnliˌvis]

a propósito, ...	forresten, ...	[fo'rɛstən ...]
é possível	mulig, kanskje	['mʉli], ['kanʂə]
provavelmente	sannsynligvis	[sɑn'sʏnliˌvis]
talvez	kanskje	['kanʂə]
além disso, ...	dessuten, ...	[des'ʉtən ...]
por isso ...	derfor ...	['dɛrfor ...]
apesar de ...	på tross av ...	['pɔ 'trɔs ɑː ...]
graças a ...	takket være ...	['takət ˌværə ...]

que (pron.)	hva	['vɑ]
que (conj.)	at	[at]
algo	noe	['nʊe]
alguma coisa	noe	['nʊe]
nada	ingenting	['iŋəntiŋ]

quem	hvem	['vɛm]
alguém (~ teve uma ideia ...)	noen	['nʊən]
alguém	noen	['nʊən]

ninguém	ingen	['iŋən]
para lugar nenhum	ingensteds	['iŋənˌstɛts]
de ninguém	ingens	['iŋəns]
de alguém	noens	['nʊəns]

tão	så	['sɔː]
também (gostaria ~ de ...)	også	['ɔsɔ]
também (~ eu)	også	['ɔsɔ]

6. Palavras funcionais. Advérbios. Parte 2

Porquê?	Hvorfor?	['vʊrfʊr]
por alguma razão	av en eller annen grunn	[ɑː en elər 'anən ˌgrʉn]
porque ...	fordi ...	[fo'di ...]
por qualquer razão	av en eller annen grunn	[ɑː en elər 'anən ˌgrʉn]
e (tu ~ eu)	og	['ɔ]

ou (ser ~ não ser)	eller	['elər]
mas (porém)	men	['men]
para (~ a minha mãe)	for, til	[fɔr], [til]
demasiado, muito	for, altfor	['fɔr], ['altfɔr]
só, somente	bare	['bɑrə]
exatamente	presis, eksakt	[prɛ'sis], [ɛk'sɑkt]
cerca de (~ 10 kg)	cirka	['sirkɑ]
aproximadamente	omtrent	[ɔm'trɛnt]
aproximado	omtrentlig	[ɔm'trɛntli]
quase	nesten	['nɛstən]
resto (m)	rest (m)	['rɛst]
o outro (segundo)	den annen	[den 'ɑnən]
outro	andre	['ɑndrə]
cada	hver	['vɛr]
qualquer	hvilken som helst	['vilkən sɔm 'hɛlst]
muito	mye	['mye]
muitas pessoas	mange	['mɑŋə]
todos	alle	['ɑlə]
em troca de ...	til gjengjeld for ...	[til 'jɛnjɛl fɔr ...]
em troca	istedenfor	[i'steden,fɔr]
à mão	for hånd	[fɔr 'hɔn]
pouco provável	neppe	['nepə]
provavelmente	sannsynligvis	[sɑn'sʏnli,vis]
de propósito	med vilje	[me 'vilje]
por acidente	tilfeldigvis	[til'fɛldivis]
muito	meget	['megət]
por exemplo	for eksempel	[fɔr ɛk'sɛmpəl]
entre	mellom	['mɛlɔm]
entre (no meio de)	blant	['blɑnt]
tanto	så mye	['sɔ: mye]
especialmente	særlig	['sæ:li]

NÚMEROS. DIVERSOS

7. Números cardinais. Parte 1

zero	null	['nʉl]
um	en	['en]
dois	to	['tʊ]
três	tre	['tre]
quatro	fire	['fire]
cinco	fem	['fɛm]
seis	seks	['sɛks]
sete	sju	['ʂʉ]
oito	åtte	['ɔtə]
nove	ni	['ni]
dez	ti	['ti]
onze	elleve	['ɛlvə]
doze	tolv	['tɔl]
treze	tretten	['trɛtən]
catorze	fjorten	['fjɔːʈən]
quinze	femten	['fɛmtən]
dezasseis	seksten	['sæjstən]
dezassete	sytten	['sʏtən]
dezoito	atten	['atən]
dezanove	nitten	['nitən]
vinte	tjue	['çʉe]
vinte e um	tjueen	['çʉe en]
vinte e dois	tjueto	['çʉe tʊ]
vinte e três	tjuetre	['çʉe tre]
trinta	tretti	['trɛti]
trinta e um	trettien	['trɛti en]
trinta e dois	trettito	['trɛti tʊ]
trinta e três	trettitre	['trɛti tre]
quarenta	førti	['fœːʈi]
quarenta e um	førtien	['fœːʈi en]
quarenta e dois	førtito	['fœːʈi tʊ]
quarenta e três	førtitre	['fœːʈi tre]
cinquenta	femti	['fɛmti]
cinquenta e um	femtien	['fɛmti en]
cinquenta e dois	femtito	['fɛmti tʊ]
cinquenta e três	femtitre	['fɛmti tre]
sessenta	seksti	['sɛksti]
sessenta e um	sekstien	['sɛksti en]

| sessenta e dois | sekstito | ['sɛksti tʊ] |
| sessenta e três | sekstitre | ['sɛksti tre] |

setenta	sytti	['sʏti]
setenta e um	syttien	['sʏti en]
setenta e dois	syttito	['sʏti tʊ]
setenta e três	syttitre	['sʏti tre]

oitenta	åtti	['ɔti]
oitenta e um	åttien	['ɔti en]
oitenta e dois	åttito	['ɔti tʊ]
oitenta e três	åttitre	['ɔti tre]

noventa	nitti	['niti]
noventa e um	nittien	['niti en]
noventa e dois	nittito	['niti tʊ]
noventa e três	nittitre	['niti tre]

8. Números cardinais. Parte 2

cem	hundre	['hʉndrə]
duzentos	to hundre	['tʊ ˌhʉndrə]
trezentos	tre hundre	['tre ˌhʉndrə]
quatrocentos	fire hundre	['fire ˌhʉndrə]
quinhentos	fem hundre	['fɛm ˌhʉndrə]

seiscentos	seks hundre	['sɛks ˌhʉndrə]
setecentos	syv hundre	['syv ˌhʉndrə]
oitocentos	åtte hundre	['ɔtə ˌhʉndrə]
novecentos	ni hundre	['ni ˌhʉndrə]

mil	tusen	['tʉsən]
dois mil	to tusen	['tʊ ˌtʉsən]
De quem são ...?	tre tusen	['tre ˌtʉsən]
dez mil	ti tusen	['ti ˌtʉsən]
cem mil	hundre tusen	['hʉndrə ˌtʉsən]
um milhão	million (m)	[mi'ljun]
mil milhões	milliard (m)	[mi'lja:ɖ]

9. Números ordinais

primeiro	første	['fœʂtə]
segundo	annen	['anən]
terceiro	tredje	['trɛdjə]
quarto	fjerde	['fjærə]
quinto	femte	['fɛmtə]

sexto	sjette	['ʂɛtə]
sétimo	sjuende	['ʂʉenə]
oitavo	åttende	['ɔtenə]
nono	niende	['nienə]
décimo	tiende	['tienə]

CORES. UNIDADES DE MEDIDA

10. Cores

cor (f)	farge (m)	['fɑrgə]
matiz (m)	nyanse (m)	[ny'ɑnse]
tom (m)	fargetone (m)	['fɑrgə‚tʉnə]
arco-íris (m)	regnbue (m)	['ræjn‚bʉ:ə]
branco	hvit	['vit]
preto	svart	['svɑ:t]
cinzento	grå	['grɔ]
verde	grønn	['grœn]
amarelo	gul	['gʉl]
vermelho	rød	['rø]
azul	blå	['blɔ]
azul claro	lyseblå	['lysə‚blɔ]
rosa	rosa	['rɔsɑ]
laranja	oransje	[ɔ'rɑnʂɛ]
violeta	fiolett	[fiʊ'lət]
castanho	brun	['brʉn]
dourado	gullgul	['gʉl]
prateado	sølv-	['søl-]
bege	beige	['bɛ:ʂ]
creme	kremfarget	['krɛm‚fɑrgət]
turquesa	turkis	[tʉr'kis]
vermelho cereja	kirsebærrød	['çiʂəbær‚rød]
lilás	lilla	['lilɑ]
carmesim	karminrød	['kɑrmʊ'sin‚rød]
claro	lys	['lys]
escuro	mørk	['mœrk]
vivo	klar	['klɑr]
de cor	farge-	['fɑrgə-]
a cores	farge-	['fɑrgə-]
preto e branco	svart-hvit	['svɑ:ʈ vit]
unicolor	ensfarget	['ɛns‚fɑrgət]
multicor	mangefarget	['mɑŋə‚fɑrgət]

11. Unidades de medida

peso (m)	vekt (m)	['vɛkt]
comprimento (m)	lengde (m/f)	['leŋdə]

largura (f)	bredde (m)	['brɛdə]
altura (f)	høyde (m)	['højdə]
profundidade (f)	dybde (m)	['dybdə]
volume (m)	volum (n)	[vɔ'lʉm]
área (f)	areal (n)	[ˌare'al]

grama (m)	gram (n)	['gram]
miligrama (m)	milligram (n)	['miliˌgram]
quilograma (m)	kilogram (n)	['çiluˌgram]
tonelada (f)	tonn (m/n)	['ton]
libra (453,6 gramas)	pund (n)	['pʉn]
onça (f)	unse (m)	['ʉnsə]

metro (m)	meter (m)	['metər]
milímetro (m)	millimeter (m)	['miliˌmetər]
centímetro (m)	centimeter (m)	['sɛntiˌmetər]
quilómetro (m)	kilometer (m)	['çiluˌmetər]
milha (f)	mil (m/f)	['mil]

polegada (f)	tomme (m)	['tɔmə]
pé (304,74 mm)	fot (m)	['fʉt]
jarda (914,383 mm)	yard (m)	['jaːrd]

metro (m) quadrado	kvadratmeter (m)	[kva'dratˌmetər]
hectare (m)	hektar (n)	['hɛktar]

litro (m)	liter (m)	['litər]
grau (m)	grad (m)	['grad]
volt (m)	volt (m)	['vɔlt]
ampere (m)	ampere (m)	[am'pɛr]
cavalo-vapor (m)	hestekraft (m/f)	['hɛstəˌkraft]

quantidade (f)	mengde (m)	['mɛŋdə]
um pouco de ...	få ...	['fo ...]
metade (f)	halvdel (m)	['haldel]
dúzia (f)	dusin (n)	[dʉ'sin]
peça (f)	stykke (n)	['stykə]

dimensão (f)	størrelse (m)	['stœrəlsə]
escala (f)	målestokk (m)	['moːləˌstɔk]

mínimo	minimal	[mini'mal]
menor, mais pequeno	minste	['minstə]
médio	middel-	['midəl-]
máximo	maksimal	[maksi'mal]
maior, mais grande	største	['stœʂtə]

12. Recipientes

boião (m) de vidro	glaskrukke (m/f)	['glasˌkrʉkə]
lata (~ de cerveja)	boks (m)	['bɔks]
balde (m)	bøtte (m/f)	['bœtə]
barril (m)	tønne (m)	['tœnə]
bacia (~ de plástico)	vaskefat (n)	['vaskəˌfat]

tanque (m)	tank (m)	['tɑnk]
cantil (m) de bolso	lommelerke (m/f)	['lʊmə‚lærkə]
bidão (m) de gasolina	bensinkanne (m/f)	[bɛn'sin‚kɑnə]
cisterna (f)	tank (m)	['tɑnk]

caneca (f)	krus (n)	['krʉs]
chávena (f)	kopp (m)	['kɔp]
pires (m)	tefat (n)	['te‚fɑt]
copo (m)	glass (n)	['glɑs]
taça (f) de vinho	vinglass (n)	['vin‚glɑs]
panela, caçarola (f)	gryte (m/f)	['grytə]

| garrafa (f) | flaske (m) | ['flɑskə] |
| gargalo (m) | flaskehals (m) | ['flɑskə‚hɑls] |

jarro, garrafa (f)	karaffel (m)	[kɑ'rɑfəl]
jarro (m) de barro	mugge (m/f)	['mʉgə]
recipiente (m)	beholder (m)	[be'hɔlər]
pote (m)	pott, potte (m)	['pɔt], ['pɔtə]
vaso (m)	vase (m)	['vɑsə]

frasco (~ de perfume)	flakong (m)	[flɑ'kɔŋ]
frasquinho (ex. ~ de iodo)	flaske (m/f)	['flɑskə]
tubo (~ de pasta dentífrica)	tube (m)	['tʉbə]

saca (ex. ~ de açúcar)	sekk (m)	['sɛk]
saco (~ de plástico)	pose (m)	['pʊsə]
maço (m)	pakke (m/f)	['pɑkə]

caixa (~ de sapatos, etc.)	eske (m/f)	['ɛskə]
caixa (~ de madeira)	kasse (m/f)	['kɑsə]
cesta (f)	kurv (m)	['kʉrv]

VERBOS PRINCIPAIS

13. Os verbos mais importantes. Parte 1

abrir (vt)	å åpne	[ɔ 'ɔpnə]
acabar, terminar (vt)	å slutte	[ɔ 'ṣlʉtə]
aconselhar (vt)	å råde	[ɔ 'roːdə]
adivinhar (vt)	å gjette	[ɔ 'jɛtə]
advertir (vt)	å varsle	[ɔ 'vaṣlə]
ajudar (vt)	å hjelpe	[ɔ 'jɛlpə]
almoçar (vi)	å spise lunsj	[ɔ 'spisə ˌlʉnṣ]
alugar (~ um apartamento)	å leie	[ɔ 'læjə]
amar (vt)	å elske	[ɔ 'ɛlskə]
ameaçar (vt)	å true	[ɔ 'trʉə]
anotar (escrever)	å skrive ned	[ɔ 'skrivə ne]
apanhar (vt)	å fange	[ɔ 'faŋə]
apressar-se (vr)	å skynde seg	[ɔ 'ṣynə sæj]
arrepender-se (vr)	å beklage	[ɔ be'klagə]
assinar (vt)	å underskrive	[ɔ 'ʉnəˌskrivə]
atirar, disparar (vi)	å skyte	[ɔ 'ṣytə]
brincar (vi)	å spøke	[ɔ 'spøkə]
brincar, jogar (crianças)	å leke	[ɔ 'lekə]
buscar (vt)	å søke ...	[ɔ 'søkə ...]
caçar (vi)	å jage	[ɔ 'jagə]
cair (vi)	å falle	[ɔ 'falə]
cavar (vt)	å grave	[ɔ 'gravə]
cessar (vt)	å slutte	[ɔ 'ṣlʉtə]
chamar (~ por socorro)	å tilkalle	[ɔ 'tilˌkalə]
chegar (vi)	å ankomme	[ɔ 'anˌkomə]
chorar (vi)	å gråte	[ɔ 'groːtə]
começar (vt)	å begynne	[ɔ be'jinə]
comparar (vt)	å sammenlikne	[ɔ 'samənˌliknə]
compreender (vt)	å forstå	[ɔ fo'ṣtɔ]
concordar (vi)	å samtykke	[ɔ 'samˌtvkə]
confiar (vt)	å stole på	[ɔ 'stʉlə pɔ]
confundir (equivocar-se)	å forveksle	[ɔ for'vɛkṣlə]
conhecer (vt)	å kjenne	[ɔ 'çɛnə]
contar (fazer contas)	å telle	[ɔ 'tɛlə]
contar com (esperar)	å regne med ...	[ɔ 'rɛjnə me ...]
continuar (vt)	å fortsette	[ɔ 'fortˌṣɛtə]
controlar (vt)	å kontrollere	[ɔ kʉntrɔ'lerə]
convidar (vt)	å innby, å invitere	[ɔ 'inby], [ɔ invi'terə]
correr (vi)	å løpe	[ɔ 'løpə]

| criar (vt) | å opprette | [ɔ 'ɔpˌrɛtə] |
| custar (vt) | å koste | [ɔ 'kɔstə] |

14. Os verbos mais importantes. Parte 2

dar (vt)	å gi	[ɔ 'ji]
dar uma dica	å gi et vink	[ɔ 'ji et 'vink]
decorar (enfeitar)	å pryde	[ɔ 'prydə]
defender (vt)	å forsvare	[ɔ fɔ'ʂvɑrə]
deixar cair (vt)	å tappe	[ɔ 'tɑpə]

descer (para baixo)	å gå ned	[ɔ 'gɔ ne]
desculpar (vt)	å unnskylde	[ɔ 'ʉnˌsylə]
desculpar-se (vr)	å unnskylde seg	[ɔ 'ʉnˌsylə sæj]
dirigir (~ uma empresa)	å styre, å lede	[ɔ 'styrə], [ɔ 'ledə]
discutir (notícias, etc.)	å diskutere	[ɔ diskʉ'terə]
dizer (vt)	å si	[ɔ 'si]

duvidar (vt)	å tvile	[ɔ 'tvilə]
enganar (vt)	å fuske	[ɔ 'fʉskə]
entrar (na sala, etc.)	å komme inn	[ɔ 'kɔmə in]
enviar (uma carta)	å sende	[ɔ 'sɛnə]

errar (equivocar-se)	å gjøre feil	[ɔ 'jørə ˌfæjl]
escolher (vt)	å velge	[ɔ 'vɛlgə]
esconder (vt)	å gjemme	[ɔ 'jɛmə]
escrever (vt)	å skrive	[ɔ 'skrivə]
esperar (o autocarro, etc.)	å vente	[ɔ 'vɛntə]
esperar (ter esperança)	å håpe	[ɔ 'hoːpə]
esquecer (vt)	å glemme	[ɔ 'glemə]
estudar (vt)	å studere	[ɔ stʉ'derə]
exigir (vt)	å kreve	[ɔ 'krevə]
existir (vi)	å eksistere	[ɔ ɛksi'sterə]

explicar (vt)	å forklare	[ɔ fɔr'klɑrə]
falar (vi)	å tale	[ɔ 'tɑlə]
faltar (clases, etc.)	å skulke	[ɔ 'skʉlkə]
fazer (vt)	å gjøre	[ɔ 'jørə]

| ficar em silêncio | å tie | [ɔ 'tie] |
| gabar-se, jactar-se (vr) | å prale | [ɔ 'prɑlə] |

gostar (apreciar)	å like	[ɔ 'likə]
gritar (vi)	å skrike	[ɔ 'skrikə]
guardar (cartas, etc.)	å beholde	[ɔ be'hɔlə]

| informar (vt) | å informere | [ɔ infɔr'merə] |
| insistir (vi) | å insistere | [ɔ insi'sterə] |

insultar (vt)	å fornærme	[ɔ fɔːˈɳærmə]
interessar-se (vr)	å interessere seg	[ɔ intərə'serə sæj]
ir (a pé)	å gå	[ɔ 'gɔ]
ir nadar	å bade	[ɔ 'bɑdə]
jantar (vi)	å spise middag	[ɔ 'spisə 'miˌdɑ]

23

15. Os verbos mais importantes. Parte 3

ler (vt)	à lese	[ɔ 'lesə]
libertar (cidade, etc.)	à befri	[ɔ be'fri]
matar (vt)	à døde, à myrde	[ɔ 'dødə], [ɔ 'mʏːḍə]
mencionar (vt)	à omtale, à nevne	[ɔ 'ɔm,talə], [ɔ 'nɛvnə]
mostrar (vt)	à vise	[ɔ 'visə]
mudar (modificar)	à endre	[ɔ 'ɛndrə]
nadar (vi)	à svømme	[ɔ 'svœmə]
negar-se a ...	à vegre seg	[ɔ 'vɛgrə sæj]
objetar (vt)	à innvende	[ɔ 'in,vɛnə]
observar (vt)	à observere	[ɔ ɔbsɛr'verə]
ordenar (mil.)	à beordre	[ɔ be'ɔrdrə]
ouvir (vt)	à høre	[ɔ 'hørə]
pagar (vt)	à betale	[ɔ be'talə]
parar (vi)	à stoppe	[ɔ 'stɔpə]
participar (vi)	à delta	[ɔ 'dɛlta]
pedir (comida)	à bestille	[ɔ be'stilə]
pedir (um favor, etc.)	à be	[ɔ 'be]
pegar (tomar)	à ta	[ɔ 'ta]
pensar (vt)	à tenke	[ɔ 'tɛnkə]
perceber (ver)	à bemerke	[ɔ be'mærkə]
perdoar (vt)	à tilgi	[ɔ 'til,ji]
perguntar (vt)	à spørre	[ɔ 'spørə]
permitir (vt)	à tillate	[ɔ 'ti,latə]
pertencer a ...	à tilhøre ...	[ɔ 'til,hørə ...]
planear (vt)	à planlegge	[ɔ 'plan,legə]
poder (vi)	à kunne	[ɔ 'kʉnə]
possuir (vt)	à besidde, à eie	[ɔ bɛ'sidə], [ɔ 'æje]
preferir (vt)	à foretrekke	[ɔ 'forə,trɛkə]
preparar (vt)	à lage	[ɔ 'lagə]
prever (vt)	à forutse	[ɔ 'forʉt,sə]
prometer (vt)	à love	[ɔ 'lɔvə]
pronunciar (vt)	à uttale	[ɔ 'ʉt,talə]
propor (vt)	à foreslå	[ɔ 'forə,ʂlɔ]
punir (castigar)	à straffe	[ɔ 'strafə]

16. Os verbos mais importantes. Parte 4

quebrar (vt)	à bryte	[ɔ 'brytə]
queixar-se (vr)	à klage	[ɔ 'klagə]
querer (desejar)	à ville	[ɔ 'vilə]
recomendar (vt)	à anbefale	[ɔ 'anbe,falə]
repetir (dizer outra vez)	à gjenta	[ɔ 'jɛnta]
repreender (vt)	à skjelle	[ɔ 'ʂɛːlə]
reservar (~ um quarto)	à reservere	[ɔ resɛr'verə]

24

responder (vt)	å svare	[ɔ 'svɑrə]
rezar, orar (vi)	å be	[ɔ 'be]
rir (vi)	å le, å skratte	[ɔ 'le], [ɔ 'skrɑtə]

roubar (vt)	å stjele	[ɔ 'stjelə]
saber (vt)	å vite	[ɔ 'vitə]
sair (~ de casa)	å gå ut	[ɔ 'gɔ ʉt]
salvar (vt)	å redde	[ɔ 'rɛdə]
seguir …	å følge etter …	[ɔ 'fɵlə 'ɛtər …]

sentar-se (vr)	å sette seg	[ɔ 'sɛtə sæj]
ser necessário	å være behøv	[ɔ 'værə bə'høv]
ser, estar	å være	[ɔ 'værə]
significar (vt)	å bety	[ɔ 'bety]

sorrir (vi)	å smile	[ɔ 'smilə]
subestimar (vt)	å undervurdere	[ɔ 'ʉnərvʉːˌɖerə]
surpreender-se (vr)	å bli forundret	[ɔ 'bli fɔ'rʉndrət]
tentar (vt)	å prøve	[ɔ 'prøvə]

ter (vt)	å ha	[ɔ 'hɑ]
ter fome	å være sulten	[ɔ 'værə 'sʉltən]
ter medo	å frykte	[ɔ 'frʏktə]
ter sede	å være tørst	[ɔ 'værə 'tœʂt]

tocar (com as mãos)	å røre	[ɔ 'rørə]
tomar o pequeno-almoço	å spise frokost	[ɔ 'spisə ˌfrʉkɔst]
trabalhar (vi)	å arbeide	[ɔ 'ɑrˌbæjdə]
traduzir (vt)	å oversette	[ɔ 'ɔvəˌsɛtə]
unir (vt)	å forene	[ɔ fɔ'renə]

vender (vt)	å selge	[ɔ 'sɛlə]
ver (vt)	å se	[ɔ 'se]
virar (ex. ~ à direita)	å svinge	[ɔ 'sviŋə]
voar (vi)	å fly	[ɔ 'fly]

TEMPO. CALENDÁRIO

17. Dias da semana

segunda-feira (f)	mandag (m)	['manˌda]
terça-feira (f)	tirsdag (m)	['tiʂˌda]
quarta-feira (f)	onsdag (m)	['ʊnsˌda]
quinta-feira (f)	torsdag (m)	['tɔʂˌda]
sexta-feira (f)	fredag (m)	['frɛˌda]
sábado (m)	lørdag (m)	['lørˌda]
domingo (m)	søndag (m)	['sønˌda]
hoje	i dag	[i 'da]
amanhã	i morgen	[i 'mɔːən]
depois de amanhã	i overmorgen	[i 'ɔvərˌmɔːən]
ontem	i går	[i 'gor]
anteontem	i forgårs	[i 'forˌgoʂ]
dia (m)	dag (m)	['da]
dia (m) de trabalho	arbeidsdag (m)	['arbæjdsˌda]
feriado (m)	festdag (m)	['fɛstˌda]
dia (m) de folga	fridag (m)	['friˌda]
fim (m) de semana	ukeslutt (m), helg (f)	['ʉkəˌʂlʉt], ['hɛlg]
o dia todo	hele dagen	['helə 'dagən]
no dia seguinte	neste dag	['nɛstə ˌda]
há dois dias	for to dager siden	[for tʉ 'dagər ˌsidən]
na véspera	dagen før	['dagən 'før]
diário	daglig	['dagli]
todos os dias	hver dag	['vɛr da]
semana (f)	uke (m/f)	['ʉkə]
na semana passada	siste uke	['sistə 'ʉkə]
na próxima semana	i neste uke	[i 'nɛstə 'ʉkə]
semanal	ukentlig	['ʉkəntli]
cada semana	hver uke	['vɛr 'ʉkə]
duas vezes por semana	to ganger per uke	['tʉ 'gaŋər per 'ʉkə]
cada terça-feira	hver tirsdag	['vɛr 'tiʂda]

18. Horas. Dia e noite

manhã (f)	morgen (m)	['mɔːən]
de manhã	om morgenen	[ɔm 'mɔːenən]
meio-dia (m)	middag (m)	['miˌda]
à tarde	om ettermiddagen	[ɔm 'ɛtərˌmidagən]
noite (f)	kveld (m)	['kvɛl]
à noite (noitinha)	om kvelden	[ɔm 'kvɛlən]

noite (f)	natt (m/f)	['nɑt]
à noite	om natta	[ɔm 'nɑtɑ]
meia-noite (f)	midnatt (m/f)	['mid‚nɑt]

segundo (m)	sekund (m/n)	[se'kʉn]
minuto (m)	minutt (n)	[mi'nʉt]
hora (f)	time (m)	['timə]
meia hora (f)	halvtime (m)	['hɑl‚timə]
quarto (m) de hora	kvarter (n)	[kvɑ:ʈer]
quinze minutos	femten minutter	['fɛmtən mi'nʉtər]
vinte e quatro horas	døgn (n)	['døjn]

nascer (m) do sol	soloppgang (m)	['sʉlɔp‚gɑŋ]
amanhecer (m)	daggry (n)	['dɑg‚gry]
madrugada (f)	tidlig morgen (m)	['tili 'mɔ:ən]
pôr do sol (m)	solnedgang (m)	['sʉlned‚gɑŋ]

de madrugada	tidlig om morgenen	['tili ɔm 'mɔ:enən]
hoje de manhã	i morges	[i 'mɔrəs]
amanhã de manhã	i morgen tidlig	[i 'mɔ:ən 'tili]

hoje à tarde	i formiddag	[i 'fɔrmi‚dɑ]
à tarde	om ettermiddagen	[ɔm 'ɛtər‚midɑgən]
amanhã à tarde	i morgen ettermiddag	[i 'mɔ:ən 'ɛtər‚midɑ]

hoje à noite	i kveld	[i 'kvɛl]
amanhã à noite	i morgen kveld	[i 'mɔ:ən ‚kvɛl]

às três horas em ponto	presis klokka tre	[prɛ'sis 'klɔkɑ tre]
por volta das quatro	ved fire-tiden	[ve 'fire ‚tidən]
às doze	innen klokken tolv	['inən 'klɔkən tɔl]

dentro de vinte minutos	om tjue minutter	[ɔm 'çʉə mi'nʉtər]
dentro duma hora	om en time	[ɔm en 'timə]
a tempo	i tide	[i 'tidə]

menos um quarto	kvart på ...	['kvɑ:ʈ pɔ ...]
durante uma hora	innen en time	['inən en 'time]
a cada quinze minutos	hvert kvarter	['vɛ:ʈ kvɑ:'ʈer]
as vinte e quatro horas	døgnet rundt	['døjne ‚rʉnt]

19. Meses. Estações

janeiro (m)	januar (m)	['janʉ‚ɑr]
fevereiro (m)	februar (m)	['febrʉ‚ɑr]
março (m)	mars (m)	['mɑʂ]
abril (m)	april (m)	[ɑ'pril]
maio (m)	mai (m)	['mɑj]
junho (m)	juni (m)	['jʉni]

julho (m)	juli (m)	['jʉli]
agosto (m)	august (m)	[aʉ'gʉst]
setembro (m)	september (m)	[sep'tɛmbər]
outubro (m)	oktober (m)	[ɔk'tʉbər]

novembro (m)	**november** (m)	[nʊ'vɛmbər]
dezembro (m)	**desember** (m)	[de'sɛmbər]
primavera (f)	**vår** (m)	['vɔːr]
na primavera	**om våren**	[ɔm 'voːrən]
primaveril	**vår-, vårlig**	['vɔːr-], ['vɔːli]
verão (m)	**sommer** (m)	['sɔmər]
no verão	**om sommeren**	[ɔm 'sɔmerən]
de verão	**sommer-**	['sɔmər-]
outono (m)	**høst** (m)	['høst]
no outono	**om høsten**	[ɔm 'høstən]
outonal	**høst-, høstlig**	['høst-], ['høstli]
inverno (m)	**vinter** (m)	['vintər]
no inverno	**om vinteren**	[ɔm 'vinterən]
de inverno	**vinter-**	['vintər-]
mês (m)	**måned** (m)	['moːnət]
este mês	**denne måneden**	['dɛnə 'moːnedən]
no próximo mês	**neste måned**	['nɛstə 'moːnət]
no mês passado	**forrige måned**	['foriə ˌmoːnət]
há um mês	**for en måned siden**	[for en 'moːnət ˌsidən]
dentro de um mês	**om en måned**	[ɔm en 'moːnət]
dentro de dois meses	**om to måneder**	[ɔm 'tʊ 'moːnedər]
todo o mês	**en hel måned**	[en 'hel 'moːnət]
um mês inteiro	**hele måned**	['helə 'moːnət]
mensal	**månedlig**	['moːnədli]
mensalmente	**månedligt**	['moːnedlət]
cada mês	**hver måned**	[ˌvɛr 'moːnət]
duas vezes por mês	**to ganger per måned**	['tʊ 'gaŋər per 'moːnət]
ano (m)	**år** (n)	['ɔr]
este ano	**i år**	[i 'oːr]
no próximo ano	**neste år**	['nɛstə ˌoːr]
no ano passado	**i fjor**	[i 'fjor]
há um ano	**for et år siden**	[for et 'oːr ˌsidən]
dentro dum ano	**om et år**	[ɔm et 'oːr]
dentro de 2 anos	**om to år**	[ɔm 'tʊ 'oːr]
todo o ano	**hele året**	['helə 'oːre]
um ano inteiro	**hele året**	['helə 'oːre]
cada ano	**hvert år**	['vɛːʈ 'oːr]
anual	**årlig**	['oːli]
anualmente	**årlig, hvert år**	['oːli], ['vɛːʈ 'or]
quatro vezes por ano	**fire ganger per år**	['fire 'gaŋər per 'oːr]
data (~ de hoje)	**dato** (m)	['datʊ]
data (ex. ~ de nascimento)	**dato** (m)	['datʊ]
calendário (m)	**kalender** (m)	[ka'lendər]
meio ano	**halvår** (n)	['halˌoːr]
seis meses	**halvår** (n)	['halˌoːr]

| estação (f) | årstid (m/f) | ['oːʂˌtid] |
| século (m) | århundre (n) | ['ɔrˌhʉndrə] |

VIAGENS. HOTEL

20. Viagens

turismo (m)	turisme (m)	[tʉ'rismə]
turista (m)	turist (m)	[tʉ'rist]
viagem (f)	reise (m/f)	['ræjsə]
aventura (f)	eventyr (n)	['ɛvənˌtyr]
viagem (f)	tripp (m)	['trip]
férias (f pl)	ferie (m)	['fɛriə]
estar de férias	å være på ferie	[ɔ 'værə pɔ 'fɛriə]
descanso (m)	hvile (m/f)	['vilə]
comboio (m)	tog (n)	['tɔg]
de comboio (chegar ~)	med tog	[me 'tɔg]
avião (m)	fly (n)	['fly]
de avião	med fly	[me 'fly]
de carro	med bil	[me 'bil]
de navio	med skip	[me 'ʂip]
bagagem (f)	bagasje (m)	[bɑ'gɑʂə]
mala (f)	koffert (m)	['kʊfɛːt]
carrinho (m)	bagasjetralle (m/f)	[bɑ'gɑʂəˌtralə]
passaporte (m)	pass (n)	['pɑs]
visto (m)	visum (n)	['visʉm]
bilhete (m)	billett (m)	[bi'let]
bilhete (m) de avião	flybillett (m)	['fly bi'let]
guia (m) de viagem	reisehåndbok (m/f)	['ræjsəˌhɔnbʊk]
mapa (m)	kart (n)	['kɑːt]
local (m), area (f)	område (n)	['ɔmˌroːdə]
lugar, sítio (m)	sted (n)	['sted]
exótico	eksotisk	[ɛk'sʊtisk]
surpreendente	forunderlig	[fɔ'rʉndeːli]
grupo (m)	gruppe (m)	['grʉpə]
excursão (f)	utflukt (m/f)	['ʉtˌflʉkt]
guia (m)	guide (m)	['gɑjd]

21. Hotel

hotel (m)	hotell (n)	[hʊ'tɛl]
motel (m)	motell (n)	[mʊ'tɛl]
três estrelas	trestjernet	['treˌstjæːɳə]
cinco estrelas	femstjernet	['fɛmˌstjæːɳə]

ficar (~ num hotel)	å bo	[ɔ 'buː]
quarto (m)	rom (n)	['rʊm]
quarto (m) individual	enkeltrom (n)	['ɛnkelt,rʊm]
quarto (m) duplo	dobbeltrom (n)	['dɔbəlt,rʊm]
reservar um quarto	å reservere rom	[ɔ resɛr'verə 'rʊm]

| meia pensão (f) | halvpensjon (m) | ['hal pan,ʂʊn] |
| pensão (f) completa | fullpensjon (m) | ['fʉl pan,ʂʊn] |

com banheira	med badekar	[me 'badə,kar]
com duche	med dusj	[me 'dʉʂ]
televisão (m) satélite	satellitt-TV (m)	[satɛ'lit 'tɛvɛ]
ar (m) condicionado	klimaanlegg (n)	['klima'an,leg]
toalha (f)	håndkle (n)	['hɔn,kle]
chave (f)	nøkkel (m)	['nøkəl]

administrador (m)	administrator (m)	[admini'strɑːtʉr]
camareira (f)	stuepike (m/f)	['stʉə,pikə]
bagageiro (m)	pikkolo (m)	['pikɔlɔ]
porteiro (m)	portier (m)	[pɔ:'tje]

restaurante (m)	restaurant (m)	[rɛstʉ'raŋ]
bar (m)	bar (m)	['bɑr]
pequeno-almoço (m)	frokost (m)	['frʊkɔst]
jantar (m)	middag (m)	['mi,dɑ]
buffet (m)	buffet (m)	[bʉ'fɛ]

| hall (m) de entrada | hall, lobby (m) | ['hɑl], ['lɔbi] |
| elevador (m) | heis (m) | ['hæjs] |

| NÃO PERTURBE | VENNLIGST IKKE FORSTYRR! | ['vɛnligt ikə fɔ'ʂtyr] |
| PROIBIDO FUMAR! | RØYKING FORBUDT | ['røjkiŋ fɔr'bʉt] |

22. Turismo

monumento (m)	monument (n)	[mɔnʉ'mɛnt]
fortaleza (f)	festning (m/f)	['fɛstniŋ]
palácio (m)	palass (n)	[pa'las]
castelo (m)	borg (m)	['bɔrg]
torre (f)	tårn (n)	['tɔːŋ]
mausoléu (m)	mausoleum (n)	[maʊsʉ'leum]

arquitetura (f)	arkitektur (m)	[ɑrkitɛk'tʉr]
medieval	middelalderlig	['midəl,aldɛː[i]
antigo	gammel	['gaməl]
nacional	nasjonal	[naʂʊ'nal]
conhecido	kjent	['çɛnt]

turista (m)	turist (m)	[tʉ'rist]
guia (pessoa)	guide (m)	['gajd]
excursão (f)	utflukt (m/f)	['ʉt,flʉkt]
mostrar (vt)	å vise	[ɔ 'visə]
contar (vt)	å fortelle	[ɔ fɔ:'tɛlə]

encontrar (vt)	å finne	[ɔ 'finə]
perder-se (vr)	å gå seg bort	[ɔ 'gɔ sæj 'bʊːt]
mapa (~ do metrô)	kart, linjekart (n)	['kɑːt], ['linjə'kɑːt]
mapa (~ da cidade)	kart (n)	['kɑːt]

lembrança (f), presente (m)	suvenir (m)	[suve'nir]
loja (f) de presentes	suvenirbutikk (m)	[suve'nir bu'tik]
fotografar (vt)	å fotografere	[ɔ fotɔgrɑ'ferə]
fotografar-se	å bli fotografert	[ɔ 'bli fotɔgrɑ'fɛːt]

TRANSPORTES

23. Aeroporto

aeroporto (m)	flyplass (m)	['fly͵plɑs]
avião (m)	fly (n)	['fly]
companhia (f) aérea	flyselskap (n)	['flysəl͵skɑp]
controlador (m) de tráfego aéreo	flygeleder (m)	['flygə͵ledər]
partida (f)	avgang (m)	['ɑv͵gɑŋ]
chegada (f)	ankomst (m)	['ɑn͵kɔmst]
chegar (~ de avião)	å ankomme	[ɔ 'ɑn͵komə]
hora (f) de partida	avgangstid (m/f)	['ɑvgɑŋs͵tid]
hora (f) de chegada	ankomsttid (m/f)	[ɑn'kɔms͵tid]
estar atrasado	å bli forsinket	[ɔ 'bli fɔ'ʂinkət]
atraso (m) de voo	avgangsforsinkelse (m)	['ɑvgɑŋs fɔ'ʂinkəlsə]
painel (m) de informação	informasjonstavle (m/f)	[infɔrma'ʂʉns ͵tɑvlə]
informação (f)	informasjon (m)	[infɔrma'ʂʉn]
anunciar (vt)	å meddele	[ɔ 'mɛd͵delə]
voo (m)	fly (n)	['fly]
alfândega (f)	toll (m)	['tɔl]
funcionário (m) da alfândega	tollbetjent (m)	['tɔlbe͵tjɛnt]
declaração (f) alfandegária	tolldeklarasjon (m)	['tɔldɛklɑra'ʂʉn]
preencher (vt)	å utfylle	[ɔ 'ʉt͵fylə]
preencher a declaração	å utfylle en tolldeklarasjon	[ɔ 'ʉt͵fylə en 'tɔldɛklɑra͵ʂʉn]
controlo (m) de passaportes	passkontroll (m)	['pɑskʉn͵trɔl]
bagagem (f)	bagasje (m)	[bɑ'gɑʂə]
bagagem (f) de mão	håndbagasje (m)	['hɔn͵bɑ'gɑʂə]
carrinho (m)	bagasjetralle (m/f)	[bɑ'gɑʂə͵trɑlə]
aterragem (f)	landing (m)	['lɑniŋ]
pista (f) de aterragem	landingsbane (m)	['lɑniŋs͵banə]
aterrar (vi)	å lande	[ɔ 'lɑnə]
escada (f) de avião	trapp (m/f)	['trɑp]
check-in (m)	innsjekking (m/f)	['in͵ʂɛkiŋ]
balcão (m) do check-in	innsjekkingsskranke (m)	['in͵ʂɛkiŋs ͵skrɑnkə]
fazer o check-in	å sjekke inn	[ɔ 'ʂɛkə in]
cartão (m) de embarque	boardingkort (n)	['bɔːdiŋ͵kɔːt]
porta (f) de embarque	gate (m/f)	['gejt]
trânsito (m)	transitt (m)	[trɑn'sit]
esperar (vi, vt)	å vente	[ɔ 'vɛntə]

sala (f) de espera	ventehall (m)	['vɛntə,hal]
despedir-se de …	å ta avskjed	[ɔ 'ta 'af‚sɛd]
despedir-se (vr)	å si farvel	[ɔ 'si far'vɛl]

24. Avião

avião (m)	fly (n)	['fly]
bilhete (m) de avião	flybillett (m)	['fly bi'let]
companhia (f) aérea	flyselskap (n)	['flysəl‚skap]
aeroporto (m)	flyplass (m)	['fly‚plas]
supersónico	overlyds-	['ɔvə‚lyds-]

comandante (m) do avião	kaptein (m)	[kap'tæjn]
tripulação (f)	besetning (m/f)	[be'sɛtniŋ]
piloto (m)	pilot (m)	[pi'lot]
hospedeira (f) de bordo	flyvertinne (m/f)	[flyvɛ:'ţinə]
copiloto (m)	styrmann (m)	['styr‚man]

asas (f pl)	vinger (m pl)	['viŋər]
cauda (f)	hale (m)	['halə]
cabine (f) de pilotagem	cockpit, førerkabin (m)	['kɔkpit], ['førərka‚bin]
motor (m)	motor (m)	['motʊr]

| trem (m) de aterragem | landingshjul (n) | ['laniŋsjʉl] |
| turbina (f) | turbin (m) | [tʉr'bin] |

| hélice (f) | propell (m) | [prʊ'pɛl] |
| caixa-preta (f) | svart boks (m) | ['sva:ţ bɔks] |

| coluna (f) de controlo | ratt (n) | ['rat] |
| combustível (m) | brensel (n) | ['brɛnsəl] |

instruções (f pl) de segurança	sikkerhetsbrosjyre (m)	['sikərhɛts‚brɔ'syrə]
máscara (f) de oxigénio	oksygenmaske (m/f)	['ɔksygən‚maskə]
uniforme (m)	uniform (m)	[ʉni'fɔrm]

| colete (m) salva-vidas | redningsvest (m) | ['rɛdniŋs‚vɛst] |
| paraquedas (m) | fallskjerm (m) | ['fal‚særm] |

descolagem (f)	start (m)	['sta:ţ]
descolar (vi)	å løfte	[ɔ 'lœftə]
pista (f) de descolagem	startbane (m)	['sta:ţ‚banə]

| visibilidade (f) | siktbarhet (m) | ['siktbar‚het] |
| voo (m) | flyging (m/f) | ['flygiŋ] |

| altura (f) | høyde (m) | ['højdə] |
| poço (m) de ar | lufthull (n) | ['lʉft‚hʉl] |

assento (m)	plass (m)	['plas]
auscultadores (m pl)	hodetelefoner (n pl)	['hɔdətelə‚fʊnər]
mesa (f) rebatível	klappbord (n)	['klap‚bʊr]
vigia (f)	vindu (n)	['vindʉ]
passagem (f)	midtgang (m)	['mit‚gaŋ]

25. Comboio

comboio (m)	tog (n)	['tɔg]
comboio (m) suburbano	lokaltog (n)	[lɔ'kɑlˌtɔg]
comboio (m) rápido	ekspresstog (n)	[ɛks'prɛsˌtɔg]
locomotiva (f) diesel	diesellokomotiv (n)	['disəl lʊkɔmɔ'tiv]
locomotiva (f) a vapor	damplokomotiv (n)	['damp lʊkɔmɔ'tiv]
carruagem (f)	vogn (m)	['vɔŋn]
carruagem restaurante (f)	restaurantvogn (m/f)	[rɛstʊ'rɑŋˌvɔŋn]
carris (m pl)	skinner (m/f pl)	['ʂinər]
caminho de ferro (m)	jernbane (m)	['jæːnˌbanə]
travessa (f)	sville (m/f)	['svilə]
plataforma (f)	perrong, plattform (m/f)	[pɛ'rɔŋ], ['platfɔrm]
linha (f)	spor (n)	['spʊr]
semáforo (m)	semafor (m)	[sema'fʊr]
estação (f)	stasjon (m)	[sta'ʂʊn]
maquinista (m)	lokfører (m)	['lʊkˌførər]
bagageiro (m)	bærer (m)	['bærər]
hospedeiro, -a (da carruagem)	betjent (m)	['be'tjɛnt]
passageiro (m)	passasjer (m)	[pɑsɑ'ʂɛr]
revisor (m)	billett inspektør (m)	[bi'let inspɛk'tør]
corredor (m)	korridor (m)	[kʊri'dɔr]
freio (m) de emergência	nødbrems (m)	['nødˌbrɛms]
compartimento (m)	kupé (m)	[kʉ'pe]
cama (f)	køye (m/f)	['køjə]
cama (f) de cima	overkøye (m/f)	['ɔvərˌkøjə]
cama (f) de baixo	underkøye (m/f)	['ʉnərˌkøjə]
roupa (f) de cama	sengetøy (n)	['sɛŋəˌtøj]
bilhete (m)	billett (m)	[bi'let]
horário (m)	rutetabell (m)	['rʉtəˌta'bɛl]
painel (m) de informação	informasjonstavle (m/f)	[informa'ʂʊns ˌtavlə]
partir (vt)	å avgå	[ɔ 'avgɔ]
partida (f)	avgang (m)	['avˌgaŋ]
chegar (vi)	å ankomme	[ɔ 'anˌkɔmə]
chegada (f)	ankomst (m)	['anˌkɔmst]
chegar de comboio	å ankomme med toget	[ɔ 'anˌkɔmə me 'tɔgə]
apanhar o comboio	å gå på toget	[ɔ 'gɔ pɔ 'tɔgə]
sair do comboio	å gå av toget	[ɔ 'gɔ ɑ: 'tɔgə]
acidente (m) ferroviário	togulykke (m/n)	['tɔg ʉ'lʏkə]
descarrilar (vi)	å spore av	[ɔ 'spʊrə ɑ:]
locomotiva (f) a vapor	damplokomotiv (n)	['damp lʊkɔmɔ'tiv]
fogueiro (m)	fyrbøter (m)	['fyrˌbøtər]
fornalha (f)	fyrrom (n)	['fyrˌrʊm]
carvão (m)	kull (n)	['kʉl]

26. Barco

| navio (m) | skip (n) | ['ʂip] |
| embarcação (f) | fartøy (n) | ['fɑːˌ̩tøj] |

vapor (m)	dampskip (n)	['dɑmpˌʂip]
navio (m)	elvebåt (m)	['ɛlvəˌbɔt]
transatlântico (m)	cruiseskip (n)	['krʉsˌʂip]
cruzador (m)	krysser (m)	['krʏsər]

iate (m)	jakt (m/f)	['jakt]
rebocador (m)	bukserbåt (m)	[bʉk'serˌbɔt]
barcaça (f)	lastepram (m)	['lɑstəˌprɑm]
ferry (m)	ferje, ferge (m/f)	['færjə], ['færgə]

| veleiro (m) | seilbåt (n) | ['sæjlˌbɔt] |
| bergantim (m) | brigantin (m) | [brigɑn'tin] |

| quebra-gelo (m) | isbryter (m) | ['isˌbrytər] |
| submarino (m) | ubåt (m) | ['ʉːˌbɔt] |

bote, barco (m)	båt (m)	['bɔt]
bote, dingue (m)	jolle (m/f)	['jɔlə]
bote (m) salva-vidas	livbåt (m)	['livˌbɔt]
lancha (f)	motorbåt (m)	['mɔtʉrˌbɔt]

capitão (m)	kaptein (m)	[kɑp'tæjn]
marinheiro (m)	matros (m)	[mɑ'trʊs]
marujo (m)	sjømann (m)	['ʂøˌmɑn]
tripulação (f)	besetning (m/f)	[be'sɛtniŋ]

contramestre (m)	båtsmann (m)	['bɔsˌmɑn]
grumete (m)	skipsgutt, jungmann (m)	['ʂipsˌgʉt], ['jʉŋˌmɑn]
cozinheiro (m) de bordo	kokk (m)	['kʊk]
médico (m) de bordo	skipslege (m)	['ʂipsˌlegə]

convés (m)	dekk (n)	['dɛk]
mastro (m)	mast (m/f)	['mɑst]
vela (f)	seil (n)	['sæjl]

porão (m)	lasterom (n)	['lɑstəˌrʊm]
proa (f)	baug (m)	['bæu]
popa (f)	akterende (m)	['ɑktəˌrɛnə]
remo (m)	åre (m)	['oːrə]
hélice (f)	propell (m)	[prʉ'pɛl]

camarote (m)	hytte (m)	['hʏte]
sala (f) dos oficiais	offisersmesse (m/f)	[ɔfi'sɛrsˌmɛsə]
sala (f) das máquinas	maskinrom (n)	[mɑ'ʂinˌrʊm]
ponte (m) de comando	kommandobro (m/f)	[kɔ'mɑndʉˌbrʉ]
sala (f) de comunicações	radiorom (m)	['rɑdiʉˌrʊm]
onda (f) de rádio	bølge (m)	['bølgə]
diário (m) de bordo	loggbok (m/f)	['lɔgˌbʉk]
luneta (f)	langkikkert (m)	['lɑŋˌkike:t]
sino (m)	klokke (m/f)	['klɔkə]

bandeira (f)	flagg (n)	['flɑg]
cabo (m)	trosse (m/f)	['trʊsə]
nó (m)	knute (m)	['knʉtə]
corrimão (m)	rekkverk (n)	['rɛk‚værk]
prancha (f) de embarque	landgang (m)	['lɑn‚gɑŋ]
âncora (f)	anker (n)	['ɑnkər]
recolher a âncora	å lette anker	[ɔ 'letə 'ɑnkər]
lançar a âncora	å kaste anker	[ɔ 'kɑstə 'ɑnkər]
amarra (f)	ankerkjetting (m)	['ɑnkər‚çɛtiŋ]
porto (m)	havn (m/f)	['hɑvn]
cais, amarradouro (m)	kai (m/f)	['kɑj]
atracar (vi)	å fortøye	[ɔ fɔː'ʈøjə]
desatracar (vi)	å kaste loss	[ɔ 'kɑstə lɔs]
viagem (f)	reise (m/f)	['ræjsə]
cruzeiro (m)	cruise (n)	['krʉs]
rumo (m), rota (f)	kurs (m)	['kʉʂ]
itinerário (m)	rute (m/f)	['rʉtə]
canal (m) navegável	seilrende (m)	['sæjl‚rɛnə]
banco (m) de areia	grunne (m/f)	['grʉnə]
encalhar (vt)	å gå på grunn	[ɔ 'gɔ pɔ 'grʉn]
tempestade (f)	storm (m)	['stɔrm]
sinal (m)	signal (n)	[siŋ'nɑl]
afundar-se (vr)	å synke	[ɔ 'sʏnkə]
Homem ao mar!	Mann over bord!	['mɑn ‚ovər 'bʊr]
SOS	SOS (n)	[ɛsʉ'ɛs]
boia (f) salva-vidas	livbøye (m/f)	['liv‚bøjə]

CIDADE

27. Transportes urbanos

autocarro (m)	buss (m)	['bʉs]
elétrico (m)	trikk (m)	['trik]
troleicarro (m)	trolleybuss (m)	['trɔliˌbʉs]
itinerário (m)	rute (m/f)	['rʉtə]
número (m)	nummer (n)	['nʉmər]
ir de ... (carro, etc.)	å kjøre med ...	[ɔ 'çœːrə me ...]
entrar (~ no autocarro)	å gå på ...	[ɔ 'gɔ pɔ ...]
descer de ...	å gå av ...	[ɔ 'gɔ ɑː ...]
paragem (f)	holdeplass (m)	['hɔləˌplɑs]
próxima paragem (f)	neste holdeplass (m)	['nɛstə 'hɔləˌplɑs]
ponto (m) final	endestasjon (m)	['ɛnəˌstɑ'ʂʉn]
horário (m)	rutetabell (m)	['rʉtəˌtɑ'bɛl]
esperar (vt)	å vente	[ɔ 'vɛntə]
bilhete (m)	billett (m)	[bi'let]
custo (m) do bilhete	billettpris (m)	[bi'letˌpris]
bilheteiro (m)	kasserer (m)	[kɑ'serər]
controlo (m) dos bilhetes	billettkontroll (m)	[bi'let kʉnˌtrɔl]
revisor (m)	billett inspektør (m)	[bi'let inspɛk'tør]
atrasar-se (vr)	å komme for sent	[ɔ 'kɔmə fɔ'ʂɛnt]
perder (o autocarro, etc.)	å komme for sent til ...	[ɔ 'kɔmə fɔ'ʂɛnt til ...]
estar com pressa	å skynde seg	[ɔ 'ʂynə sæj]
táxi (m)	drosje (m/f), taxi (m)	['drɔʂɛ], ['tɑksi]
taxista (m)	taxisjåfør (m)	['tɑksi ʂɔ'før]
de táxi (ir ~)	med taxi	[me 'tɑksi]
praça (f) de táxis	taxiholdeplass (m)	['tɑksi 'hɔləˌplɑs]
chamar um táxi	å taxi bestellen	[ɔ 'tɑksi be'stɛlən]
apanhar um táxi	å ta taxi	[ɔ 'tɑ ˌtɑksi]
tráfego (m)	trafikk (m)	[trɑ'fik]
engarrafamento (m)	trafikkork (m)	[trɑ'fikˌkɔrk]
horas (f pl) de ponta	rushtid (m/f)	['rʉʂˌtid]
estacionar (vi)	å parkere	[ɔ pɑr'kerə]
estacionar (vt)	å parkere	[ɔ pɑr'kerə]
parque (m) de estacionamento	parkeringsplass (m)	[pɑr'keriŋsˌplɑs]
metro (m)	tunnelbane, T-bane (m)	['tʉnəlˌbɑnə], ['tɛːˌbɑnə]
estação (f)	stasjon (m)	[stɑ'ʂʉn]
ir de metro	å kjøre med T-bane	[ɔ 'çœːrə me 'tɛːˌbɑnə]
comboio (m)	tog (n)	['tɔg]
estação (f)	togstasjon (m)	['tɔgˌstɑ'ʂʉn]

28. Cidade. Vida na cidade

cidade (f)	by (m)	['by]
capital (f)	hovedstad (m)	['huvəd‚stɑd]
aldeia (f)	landsby (m)	['lɑns‚by]
mapa (m) da cidade	bykart (n)	['by‚kɑ:t]
centro (m) da cidade	sentrum (n)	['sɛntrum]
subúrbio (m)	forstad (m)	['fɔ‚stɑd]
suburbano	forstads-	['fɔ‚stɑds-]
periferia (f)	utkant (m)	['ʉt‚kɑnt]
arredores (m pl)	omegner (m pl)	['ɔm‚æjnər]
quarteirão (m)	kvarter (n)	[kvɑ:‚ţer]
quarteirão (m) residencial	boligkvarter (n)	['bʉli‚kvɑ:'ţer]
tráfego (m)	trafikk (m)	[trɑ'fik]
semáforo (m)	trafikklys (n)	[trɑ'fik‚lys]
transporte (m) público	offentlig transport (m)	['ɔfentli trɑns'pɔ:ţ]
cruzamento (m)	veikryss (n)	['væjkrʏs]
passadeira (f)	fotgjengerovergang (m)	['fʊtjɛŋər 'ɔvər‚gɑŋ]
passagem (f) subterrânea	undergang (m)	['ʉnər‚gɑŋ]
cruzar, atravessar (vt)	å gå over	[ɔ 'gɔ 'ɔvər]
peão (m)	fotgjenger (m)	['fʊtjɛŋər]
passeio (m)	fortau (n)	['fɔ:‚ţaʉ]
ponte (f)	bro (m/f)	['brʉ]
margem (f) do rio	kai (m/f)	['kɑj]
fonte (f)	fontene (m)	['fʊntnə]
alameda (f)	allé (m)	[ɑ'le:]
parque (m)	park (m)	['pɑrk]
bulevar (m)	bulevard (m)	[bule'vɑr]
praça (f)	torg (n)	['tɔr]
avenida (f)	aveny (m)	[ɑve'ny]
rua (f)	gate (m/f)	['gɑtə]
travessa (f)	sidegate (m/f)	['sidə‚gɑtə]
beco (m) sem saída	blindgate (m/f)	['blin‚gɑtə]
casa (f)	hus (n)	['hʉs]
edifício, prédio (m)	bygning (m/f)	['bʏgniŋ]
arranha-céus (m)	skyskraper (m)	['şy‚skrɑpər]
fachada (f)	fasade (m)	[fɑ'sɑdə]
telhado (m)	tak (n)	['tɑk]
janela (f)	vindu (n)	['vindʉ]
arco (m)	bue (m)	['bʉ:ə]
coluna (f)	søyle (m)	['søjlə]
esquina (f)	hjørne (n)	['jœ:ŋə]
montra (f)	utstillingsvindu (n)	['ʉt‚stiliŋs 'vindʉ]
letreiro (m)	skilt (n)	['şilt]
cartaz (m)	plakat (m)	[plɑ'kɑt]
cartaz (m) publicitário	reklameplakat (m)	[rɛ'klɑmə‚plɑ'kɑt]

painel (m) publicitário	reklametavle (m/f)	[rɛ'klamə,tavlə]
lixo (m)	søppel (m/f/n), avfall (n)	['sœpəl], ['av,fal]
cesta (f) do lixo	søppelkasse (m/f)	['sœpəl,kasə]
jogar lixo na rua	å kaste søppel	[ɔ 'kastə 'sœpəl]
aterro (m) sanitário	søppelfylling (m/f), deponi (n)	['sœpəl,fʏliŋ], [,depɔ'ni]

cabine (f) telefónica	telefonboks (m)	[tele'fun,bɔks]
candeeiro (m) de rua	lyktestolpe (m)	['lʏktə,stɔlpə]
banco (m)	benk (m)	['bɛŋk]

polícia (m)	politi (m)	[puli'ti]
polícia (instituição)	politi (n)	[puli'ti]
mendigo (m)	tigger (m)	['tigər]
sem-abrigo (m)	hjemløs	['jɛm,løs]

29. Instituições urbanas

loja (f)	forretning, butikk (m)	[fɔ'rɛtniŋ], [bu'tik]
farmácia (f)	apotek (n)	[apu'tek]
ótica (f)	optikk (m)	[ɔp'tik]
centro (m) comercial	kjøpesenter (n)	['çœpə,sɛntər]
supermercado (m)	supermarked (n)	['supə,market]

padaria (f)	bakeri (n)	[bake'ri]
padeiro (m)	baker (m)	['bakər]
pastelaria (f)	konditori (n)	[kundito'ri]
mercearia (f)	matbutikk (m)	['matbu,tik]
talho (m)	slakterbutikk (m)	['şlaktəbu,tik]

| loja (f) de legumes | grønnsaksbutikk (m) | ['grœn,saks bu'tik] |
| mercado (m) | marked (n) | ['markəd] |

café (m)	kafé, kaffebar (m)	[ka'fe], ['kafə,bar]
restaurante (m)	restaurant (m)	[rɛstu'raŋ]
bar (m), cervejaria (f)	pub (m)	['pub]
pizzaria (f)	pizzeria (m)	[pitsə'ria]

salão (m) de cabeleireiro	frisørsalong (m)	[fri'sør sa,lɔŋ]
correios (m pl)	post (m)	['pɔst]
lavandaria (f)	renseri (n)	[rɛnse'ri]
estúdio (m) fotográfico	fotostudio (n)	['fɔtɔ,studiɔ]

sapataria (f)	skobutikk (m)	['sku,bu'tik]
livraria (f)	bokhandel (m)	['buk,handəl]
loja (f) de artigos de desporto	idrettsbutikk (m)	['idrɛts bu'tik]

reparação (f) de roupa	reparasjon (m) av klær	[repara'şun a: ,klær]
aluguer (m) de roupa	leie (m/f) av klær	['læjə a: ,klær]
aluguer (m) de filmes	filmutleie (m/f)	['film,ut'læje]

circo (m)	sirkus (m/n)	['sirkus]
jardim (m) zoológico	zoo, dyrepark (m)	['su:], [dyrə'park]
cinema (m)	kino (m)	['çinu]
museu (m)	museum (n)	[mu'seum]

biblioteca (f)	bibliotek (n)	[biblɪʊ'tek]
teatro (m)	teater (n)	[te'atər]
ópera (f)	opera (m)	['ʊpera]
clube (m) noturno	nattklubb (m)	['natˌklʉb]
casino (m)	kasino (n)	[ka'sinʊ]

mesquita (f)	moské (m)	[mʊ'ske]
sinagoga (f)	synagoge (m)	[syna'gʊgə]
catedral (f)	katedral (m)	[kate'dral]
templo (m)	tempel (n)	['tɛmpəl]
igreja (f)	kirke (m/f)	['çirkə]

instituto (m)	institutt (n)	[insti'tʉt]
universidade (f)	universitet (n)	[ʉnivæʂi'tet]
escola (f)	skole (m/f)	['skʊlə]

prefeitura (f)	prefektur (n)	[prɛfɛk'tʉr]
câmara (f) municipal	rådhus (n)	['rɔdˌhʉs]
hotel (m)	hotell (n)	[hʊ'tɛl]
banco (m)	bank (m)	['bank]

embaixada (f)	ambassade (m)	[amba'sadə]
agência (f) de viagens	reisebyrå (n)	['ræjsə byˌro]
agência (f) de informações	opplysningskontor (n)	[ɔp'lʏsniŋs kʊn'tʊr]
casa (f) de câmbio	vekslingskontor (n)	['vɛkʂliŋs kʊn'tʊr]

metro (m)	tunnelbane, T-bane (m)	['tʉnəlˌbanə], ['tɛːˌbanə]
hospital (m)	sykehus (n)	['sykəˌhʉs]

posto (m) de gasolina	bensinstasjon (m)	[bɛn'sinˌsta'ʂʊn]
parque (m) de estacionamento	parkeringsplass (m)	[par'keriŋsˌplɑs]

30. Sinais

letreiro (m)	skilt (n)	['ʂilt]
inscrição (f)	innskrift (m/f)	['inˌskrift]
cartaz, póster (m)	plakat, poster (m)	['plɑˌkat], ['pɔstər]
sinal (m) informativo	veiviser (m)	['væjˌvisər]
seta (f)	pil (m/f)	['pil]

aviso (advertência)	advarsel (m)	['adˌvaʂəl]
sinal (m) de aviso	varselskilt (n)	['vaʂəlˌʂilt]
avisar, advertir (vt)	å varsle	[ɔ 'vaʂlə]

dia (m) de folga	fridag (m)	['friˌda]
horário (m)	rutetabell (m)	['rʉtəˌta'bɛl]
horário (m) de funcionamento	åpningstider (m/f pl)	['ɔpniŋsˌtidər]

BEM-VINDOS!	VELKOMMEN!	['vɛlˌkɔmən]
ENTRADA	INNGANG	['inˌgaŋ]
SAÍDA	UTGANG	['ʉtˌgaŋ]

EMPURRE	SKYV	['ʂyv]
PUXE	TREKK	['trɛk]

41

ABERTO	ÅPENT	['ɔpənt]
FECHADO	STENGT	['stɛŋt]

MULHER	DAMER	['damər]
HOMEM	HERRER	['hærər]

DESCONTOS	RABATT	[ra'bat]
SALDOS	SALG	['salg]
NOVIDADE!	NYTT!	['nʏt]
GRÁTIS	GRATIS	['gratis]

ATENÇÃO!	FORSIKTIG!	[fʊ'ʂiktə]
NÃO HÁ VAGAS	INGEN LEDIGE ROM	['iŋən 'lediə rʊm]
RESERVADO	RESERVERT	[resɛr'vɛːt]

ADMINISTRAÇÃO	ADMINISTRASJON	[administra'ʂʊn]
SOMENTE PESSOAL	KUN FOR ANSATTE	['kʉn fɔr an'satə]
AUTORIZADO		

CUIDADO CÃO FEROZ	VOKT DEM FOR HUNDEN	['vɔkt dem fɔ 'hʉnən]
PROIBIDO FUMAR!	RØYKING FORBUDT	['røjkiŋ fɔr'bʉt]
NÃO TOCAR	IKKE RØR!	['ikə 'rør]

PERIGOSO	FARLIG	['fɑːli]
PERIGO	FARE	['farə]
ALTA TENSÃO	HØYSPENNING	['høj,spɛniŋ]
PROIBIDO NADAR	BADING FORBUDT	['badiŋ fɔr'bʉt]
AVARIADO	I USTAND	[i 'ʉ,stan]

INFLAMÁVEL	BRANNFARLIG	['bran,fɑːli]
PROIBIDO	FORBUDT	[fɔr'bʉt]
ENTRADA PROIBIDA	INGEN INNKJØRING	['iŋən 'in,çœriŋ]
CUIDADO TINTA FRESCA	NYMALT	['ny,malt]

31. Compras

comprar (vt)	å kjøpe	[ɔ 'çœːpə]
compra (f)	innkjøp (n)	['in,çœp]
fazer compras	å gå shopping	[ɔ 'gɔ ,ʂɔpiŋ]
compras (f pl)	shopping (m)	['ʂɔpiŋ]

estar aberta (loja, etc.)	å være åpen	[ɔ 'værə 'ɔpən]
estar fechada	å være stengt	[ɔ 'værə 'stɛŋt]

calçado (m)	skotøy (n)	['skʊtøj]
roupa (f)	klær (n)	['klær]
cosméticos (m pl)	kosmetikk (m)	[kʊsme'tik]
alimentos (m pl)	matvarer (m/f pl)	['mat,varər]
presente (m)	gave (m/f)	['gavə]

vendedor (m)	forselger (m)	[fɔ'sɛlər]
vendedora (f)	forselger (m)	[fɔ'sɛlər]
caixa (f)	kasse (m/f)	['kasə]
espelho (m)	speil (n)	['spæjl]

| balcão (m) | disk (m) | ['disk] |
| cabine (f) de provas | prøverom (n) | ['prøvə,rʊm] |

provar (vt)	å prøve	[ɔ 'prøvə]
servir (vi)	å passe	[ɔ 'pɑsə]
gostar (apreciar)	å like	[ɔ 'likə]

preço (m)	pris (m)	['pris]
etiqueta (f) de preço	prislapp (m)	['pris,lɑp]
custar (vt)	å koste	[ɔ 'kɔstə]
Quanto?	Hvor mye?	[vʊr 'mye]
desconto (m)	rabatt (m)	[rɑ'bɑt]

não caro	billig	['bili]
barato	billig	['bili]
caro	dyr	['dyr]
É caro	Det er dyrt	[de ær 'dy:t]

aluguer (m)	utleie (m/f)	['ʉt,læje]
alugar (vestidos, etc.)	å leie	[ɔ 'læjə]
crédito (m)	kreditt (m)	[krɛ'dit]
a crédito	på kreditt	[pɔ krɛ'dit]

VESTUÁRIO & ACESSÓRIOS

32. Roupa exterior. Casacos

roupa (f)	klær (n)	['klær]
roupa (f) exterior	yttertøy (n)	['ytə‚tøj]
roupa (f) de inverno	vinterklær (n pl)	['vintər‚klær]
sobretudo (m)	frakk (m), kåpe (m/f)	['frɑk], ['ko:pə]
casaco (m) de peles	pels (m), pelskåpe (m/f)	['pɛls], ['pɛls‚ko:pə]
casaco curto (m) de peles	pelsjakke (m/f)	['pɛls‚jakə]
casaco (m) acolchoado	dunjakke (m/f)	['dʉn‚jakə]
casaco, blusão (m)	jakke (m/f)	['jakə]
impermeável (m)	regnfrakk (m)	['ræjn‚frɑk]
impermeável	vanntett	['vɑn‚tɛt]

33. Vestuário de homem & mulher

camisa (f)	skjorte (m/f)	['ʂœ:tə]
calças (f pl)	bukse (m)	['bʉksə]
calças (f pl) de ganga	jeans (m)	['dʒins]
casaco (m) de fato	dressjakke (m/f)	['drɛs‚jakə]
fato (m)	dress (m)	['drɛs]
vestido (ex. ~ vermelho)	kjole (m)	['çulə]
saia (f)	skjørt (n)	['ʂø:t]
blusa (f)	bluse (m)	['blʉsə]
casaco (m) de malha	strikket trøye (m/f)	['strikə 'trøjə]
casaco, blazer (m)	blazer (m)	['blæsər]
T-shirt, camiseta (f)	T-skjorte (m/f)	['te‚ʂœ:tə]
calções (Bermudas, etc.)	shorts (m)	['ʂɔ:ts]
fato (m) de treino	treningsdrakt (m/f)	['treniŋs‚drɑkt]
roupão (m) de banho	badekåpe (m/f)	['badə‚ko:pə]
pijama (m)	pyjamas (m)	[py'ʂɑmɑs]
suéter (m)	sweater (m)	['svɛtər]
pulôver (m)	pullover (m)	[pʉ'lɔvər]
colete (m)	vest (m)	['vɛst]
fraque (m)	livkjole (m)	['liv‚çulə]
smoking (m)	smoking (m)	['smɔkiŋ]
uniforme (m)	uniform (m)	[ʉni'form]
roupa (f) de trabalho	arbeidsklær (n pl)	['ɑrbæjds‚klær]
fato-macaco (m)	kjeledress, overall (m)	['çelə‚drɛs], ['ovɛr‚ɔl]
bata (~ branca, etc.)	kittel (m)	['çitəl]

34. Vestuário. Roupa interior

roupa (f) interior	undertøy (n)	['ʉnəˌtøj]
cuecas boxer (f pl)	underbukse (m/f)	['ʉnərˌbʉksə]
cuecas (f pl)	truse (m/f)	['trʉsə]
camisola (f) interior	undertrøye (m/f)	['ʉnəˌtrøjə]
peúgas (f pl)	sokker (m pl)	['sɔkər]
camisa (f) de noite	nattkjole (m)	['natˌçulə]
sutiã (m)	behå (m)	['beˌhɔ]
meias longas (f pl)	knestrømper (m/f pl)	['knɛˌstrømpər]
meia-calça (f)	strømpebukse (m/f)	['strømpəˌbʉksə]
meias (f pl)	strømper (m/f pl)	['strømpər]
fato (m) de banho	badedrakt (m/f)	['badəˌdrakt]

35. Adereços de cabeça

chapéu (m)	hatt (m)	['hat]
chapéu (m) de feltro	hatt (m)	['hat]
boné (m) de beisebol	baseball cap (m)	['bɛjsbɔl kɛp]
boné (m)	sikspens (m)	['sikspens]
boina (f)	alpelue, baskerlue (m/f)	['alpəˌlʉə], ['baskəˌlʉə]
capuz (m)	hette (m/f)	['hɛtə]
panamá (m)	panamahatt (m)	['panamaˌhat]
gorro (m) de malha	strikket lue (m/f)	['strikəˌlʉə]
lenço (m)	skaut (n)	['skaʉt]
chapéu (m) de mulher	hatt (m)	['hat]
capacete (m) de proteção	hjelm (m)	['jɛlm]
bibico (m)	båtlue (m/f)	['bɔtˌlʉə]
capacete (m)	hjelm (m)	['jɛlm]
chapéu-coco (m)	bowlerhatt, skalk (m)	['boʉlerˌhat], ['skalk]
chapéu (m) alto	flosshatt (m)	['flɔsˌhat]

36. Calçado

calçado (m)	skotøy (n)	['skʉtøj]
botinas (f pl)	skor (m pl)	['skʉr]
sapatos (de salto alto, etc.)	pumps (m pl)	['pʉmps]
botas (f pl)	støvler (m pl)	['støvlər]
pantufas (f pl)	tøfler (m pl)	['tøflər]
ténis (m pl)	tennissko (m pl)	['tɛnisˌskʉ]
sapatilhas (f pl)	canvas sko (m pl)	['kanvas ˌskʉ]
sandálias (f pl)	sandaler (m pl)	[san'dalər]
sapateiro (m)	skomaker (m)	['skʉˌmakər]
salto (m)	hæl (m)	['hæl]

par (m)	par (n)	['par]
atacador (m)	skolisse (m/f)	['sku,lisə]
apertar os atacadores	å snøre	[ɔ 'snørə]
calçadeira (f)	skohorn (n)	['sku,huːɳ]
graxa (f) para calçado	skokrem (m)	['sku,krɛm]

37. Acessórios pessoais

luvas (f pl)	hansker (m pl)	['hanskər]
mitenes (f pl)	votter (m pl)	['vɔtər]
cachecol (m)	skjerf (n)	['şærf]
óculos (m pl)	briller (m pl)	['brilər]
armação (f) de óculos	innfatning (m/f)	['in,fatniŋ]
guarda-chuva (m)	paraply (m)	[para'ply]
bengala (f)	stokk (m)	['stɔk]
escova (f) para o cabelo	hårbørste (m)	['hɔr,bœştə]
leque (m)	vifte (m/f)	['viftə]
gravata (f)	slips (n)	['slips]
gravata-borboleta (f)	sløyfe (m/f)	['şløjfə]
suspensórios (m pl)	bukseseler (m pl)	['bukse'selər]
lenço (m)	lommetørkle (n)	['lumə,tœrklə]
pente (m)	kam (m)	['kam]
travessão (m)	hårspenne (m/f/n)	['hɔːr,spɛnə]
gancho (m) de cabelo	hårnål (m/f)	['hɔːr,nol]
fivela (f)	spenne (m/f/n)	['spɛnə]
cinto (m)	belte (m)	['bɛltə]
correia (f)	skulderreim, rem (m/f)	['skuldə,ræjm], ['rem]
mala (f)	veske (m/f)	['vɛskə]
mala (f) de senhora	håndveske (m/f)	['hɔn,vɛskə]
mochila (f)	ryggsekk (m)	['ryg,sɛk]

38. Vestuário. Diversos

moda (f)	mote (m)	['mutə]
na moda	moteriktig	['mutə,rikti]
estilista (m)	moteskaper (m)	['mutə,skapər]
colarinho (m), gola (f)	krage (m)	['kragə]
bolso (m)	lomme (m/f)	['lumə]
de bolso	lomme-	['lumə-]
manga (f)	erme (n)	['ærmə]
alcinha (f)	hempe (m)	['hɛmpə]
braguilha (f)	gylf, buksesmekk (m)	['gylf], ['buksə,smɛk]
fecho (m) de correr	glidelås (m/n)	['glidə,lɔs]
fecho (m), colchete (m)	hekte (m/f), knepping (m)	['hɛktə], ['knɛpiŋ]
botão (m)	knapp (m)	['knap]

| casa (f) de botão | klapphull (n) | ['klɑpˌhʉl] |
| soltar-se (vr) | å falle av | [ɔ 'falə aː] |

coser, costurar (vi)	å sy	[ɔ 'sy]
bordar (vt)	å brodere	[ɔ brʉ'derə]
bordado (m)	broderi (n)	[brʉde'ri]
agulha (f)	synål (m/f)	['syˌnɔl]
fio (m)	tråd (m)	['trɔ]
costura (f)	søm (m)	['søm]

sujar-se (vr)	å skitne seg til	[ɔ 'ʂitnə sæj til]
mancha (f)	flekk (m)	['flek]
engelhar-se (vr)	å bli skrukkete	[ɔ 'bli 'skrʉketə]
rasgar (vt)	å rive	[ɔ 'rivə]
traça (f)	møll (m/n)	['møl]

39. Cuidados pessoais. Cosméticos

pasta (f) de dentes	tannpasta (m)	['tanˌpasta]
escova (f) de dentes	tannbørste (m)	['tanˌbœʂtə]
escovar os dentes	å pusse tennene	[ɔ 'pʉsə 'tɛnənə]

máquina (f) de barbear	høvel (m)	['høvəl]
creme (m) de barbear	barberkrem (m)	[barˈbɛrˌkrɛm]
barbear-se (vr)	å barbere seg	[ɔ barˈberə sæj]

| sabonete (m) | såpe (m/f) | ['soːpə] |
| champô (m) | sjampo (m) | ['ʂamˌpʉ] |

tesoura (f)	saks (m/f)	['saks]
lima (f) de unhas	neglefil (m/f)	['nɛjləˌfil]
corta-unhas (m)	negleklipper (m)	['nɛjləˌklipər]
pinça (f)	pinsett (m)	[pin'sɛt]

cosméticos (m pl)	kosmetikk (m)	[kʉsme'tik]
máscara (f) facial	ansiktsmaske (m/f)	['ansiktsˌmaskə]
manicura (f)	manikyr (m)	[mani'kyr]
fazer a manicura	å få manikyr	[ɔ 'fɔ mani'kyr]
pedicure (f)	pedikyr (m)	[pedi'kyr]

mala (f) de maquilhagem	sminkeveske (m/f)	['sminkəˌvɛskə]
pó (m)	pudder (n)	['pʉdər]
caixa (f) de pó	pudderdåse (m)	['pʉdərˌdoːsə]
blush (m)	rouge (m)	['ruːʂ]

perfume (m)	parfyme (m)	[par'fymə]
água (f) de toilette	eau de toilette (m)	['ɔː də twa'let]
loção (f)	lotion (m)	['loʉʂɛn]
água-de-colónia (f)	eau de cologne (m)	['ɔː də kɔ'lɔŋ]

sombra (f) de olhos	øyeskygge (m)	['øjəˌʂygə]
lápis (m) delineador	eyeliner (m)	['aːjˌlajnər]
máscara (f), rímel (m)	maskara (m)	[ma'skara]
batom (m)	leppestift (m)	['lepəˌstift]

verniz (m) de unhas	neglelakk (m)	['nɛjlə,lɑk]
laca (f) para cabelos	hårlakk (m)	['hoːr,lɑk]
desodorizante (m)	deodorant (m)	[deudʉ'rɑnt]

creme (m)	krem (m)	['krɛm]
creme (m) de rosto	ansiktskrem (m)	['ɑnsikts,krɛm]
creme (m) de mãos	håndkrem (m)	['hɔn,krɛm]
creme (m) antirrugas	antirynkekrem (m)	[ɑnti'rʏnkə,krɛm]
creme (m) de dia	dagkrem (m)	['dɑg,krɛm]
creme (m) de noite	nattkrem (m)	['nɑt,krɛm]
de dia	dag-	['dɑg-]
da noite	natt-	['nɑt-]

tampão (m)	tampong (m)	[tam'pɔŋ]
papel (m) higiénico	toalettpapir (n)	[tʊɑ'let pɑ'pir]
secador (m) elétrico	hårføner (m)	['hoːr,fønər]

40. Relógios de pulso. Relógios

relógio (m) de pulso	armbåndsur (n)	['ɑrmbɔns,ʉr]
mostrador (m)	urskive (m/f)	['ʉː,ʂivə]
ponteiro (m)	viser (m)	['visər]
bracelete (f) em aço	armbånd (n)	['ɑrm,bɔn]
bracelete (f) em couro	rem (m/f)	['rem]

pilha (f)	batteri (n)	[bɑtɛ'ri]
descarregar-se	å bli utladet	[ɔ 'bli 'ʉt,lɑdət]
trocar a pilha	å skifte batteriene	[ɔ 'ʂiftə bɑtɛ'riene]
estar adiantado	å gå for fort	[ɔ 'gɔ fɔ 'fɔːt]
estar atrasado	å gå for sakte	[ɔ 'gɔ fɔ 'sɑktə]

relógio (m) de parede	veggur (n)	['vɛg,ʉr]
ampulheta (f)	timeglass (n)	['timə,glɑs]
relógio (m) de sol	solur (n)	['sʊl,ʉr]
despertador (m)	vekkerklokka (m/f)	['vɛkər,klɔkɑ]
relojoeiro (m)	urmaker (m)	['ʉr,mɑkər]
reparar (vt)	å reparere	[ɔ repɑ'rerə]

EXPERIÊNCIA DO QUOTIDIANO

41. Dinheiro

dinheiro (m)	penger (m pl)	['pɛŋər]
câmbio (m)	veksling (m/f)	['vɛkşliŋ]
taxa (f) de câmbio	kurs (m)	['kuş]
Caixa Multibanco (m)	minibank (m)	['mini͵bɑnk]
moeda (f)	mynt (m)	['mʏnt]
dólar (m)	dollar (m)	['dɔlɑr]
euro (m)	euro (m)	['ɛʉrʊ]
lira (f)	lira (m)	['lire]
marco (m)	mark (m/f)	['mɑrk]
franco (m)	franc (m)	['frɑn]
libra (f) esterlina	pund sterling (m)	['pʉn stɛ:'liŋ]
iene (m)	yen (m)	['jɛn]
dívida (f)	skyld (m/f), gjeld (m)	['şyl], ['jɛl]
devedor (m)	skyldner (m)	['şylnər]
emprestar (vt)	å låne ut	[ɔ 'lo:nə ʉt]
pedir emprestado	å låne	[ɔ 'lo:nə]
banco (m)	bank (m)	['bɑnk]
conta (f)	konto (m)	['kɔntʉ]
depositar (vt)	å sette inn	[ɔ 'sɛtə in]
depositar na conta	å sette inn på kontoen	[ɔ 'sɛtə in pɔ 'kɔntʉən]
levantar (vt)	å ta ut fra kontoen	[ɔ 'tɑ ʉt frɑ 'kɔntʉən]
cartão (m) de crédito	kredittkort (n)	[krɛ'dit͵kɔ:t]
dinheiro (m) vivo	kontanter (m pl)	[kʉn'tɑntər]
cheque (m)	sjekk (m)	['şɛk]
passar um cheque	å skrive en sjekk	[ɔ 'skrivə en 'şɛk]
livro (m) de cheques	sjekkbok (m/f)	['şɛk͵bʉk]
carteira (f)	lommebok (m)	['lʉmə͵bʉk]
porta-moedas (m)	pung (m)	['pʉŋ]
cofre (m)	safe, seif (m)	['sɛjf]
herdeiro (m)	arving (m)	['ɑrviŋ]
herança (f)	arv (m)	['ɑrv]
fortuna (riqueza)	formue (m)	['for͵mʉə]
arrendamento (m)	leie (m)	['læje]
renda (f) de casa	husleie (m/f)	['hʉs͵læje]
alugar (vt)	å leie	[ɔ 'læjə]
preço (m)	pris (m)	['pris]
custo (m)	kostnad (m)	['kɔstnɑd]

49

soma (f)	sum (m)	['sɵm]
gastar (vt)	å bruke	[ɔ 'brɵkə]
gastos (m pl)	utgifter (m/f pl)	['ɵt‚jiftər]
economizar (vi)	å spare	[ɔ 'sparə]
económico	sparsom	['spaʂɔm]

pagar (vt)	å betale	[ɔ be'talə]
pagamento (m)	betaling (m/f)	[be'taliŋ]
troco (m)	vekslepenger (pl)	['vɛkʂlə‚pɛŋər]

imposto (m)	skatt (m)	['skat]
multa (f)	bot (m/f)	['bʊt]
multar (vt)	å bøtelegge	[ɔ 'bøtə‚legə]

42. Correios. Serviço postal

correios (m pl)	post (m)	['pɔst]
correio (m)	post (m)	['pɔst]
carteiro (m)	postbud (n)	['pɔst‚bɵd]
horário (m)	åpningstider (m/f pl)	['ɔpniŋs‚tidər]

carta (f)	brev (n)	['brev]
carta (f) registada	rekommandert brev (n)	[rekɵman'dɛ:ț ‚brev]
postal (m)	postkort (n)	['pɔst‚kɔ:ț]
telegrama (m)	telegram (n)	[tele'gram]
encomenda (f) postal	postpakke (m/f)	['pɔst‚pakə]
remessa (f) de dinheiro	pengeoverføring (m/f)	['pɛŋə 'ɔvər‚føriŋ]

receber (vt)	å motta	[ɔ 'mɔta]
enviar (vt)	å sende	[ɔ 'sɛnə]
envio (m)	avsending (m)	['af‚sɛniŋ]
endereço (m)	adresse (m)	[a'drɛsə]
código (m) postal	postnummer (n)	['pɔst‚nɵmər]
remetente (m)	avsender (m)	['af‚sɛnər]
destinatário (m)	mottaker (m)	['mɔt‚takər]

nome (m)	fornavn (n)	['for‚navn]
apelido (m)	etternavn (n)	['ɛtə‚ŋavn]
tarifa (f)	tariff (m)	[ta'rif]
ordinário	vanlig	['vanli]
económico	økonomisk	[økɵ'nɔmisk]

peso (m)	vekt (m)	['vɛkt]
pesar (estabelecer o peso)	å veie	[ɔ 'væje]
envelope (m)	konvolutt (m)	[kɵnvɵ'lɵt]
selo (m)	frimerke (n)	['fri‚mærkə]
colar o selo	å sette på frimerke	[ɔ 'sɛtə pɔ 'fri‚mærkə]

43. Banca

| banco (m) | bank (m) | ['bank] |
| sucursal, balcão (f) | avdeling (m) | ['av‚deliŋ] |

consultor (m)	konsulent (m)	[kʊnsʉ'lent]
gerente (m)	forstander (m)	[fɔ'ʂtandər]
conta (f)	bankkonto (m)	['bank,kɔntʊ]
número (m) da conta	kontonummer (n)	['kɔntʊ,nʉmər]
conta (f) corrente	sjekkonto (m)	['ʂɛk,kɔntʊ]
conta (f) poupança	sparekonto (m)	['sparə,kɔntʊ]
abrir uma conta	å åpne en konto	[ɔ 'ɔpnə en 'kɔntʊ]
fechar uma conta	å lukke kontoen	[ɔ 'lʉkə 'kɔntʊən]
depositar na conta	å sette inn på kontoen	[ɔ 'sɛtə in pɔ 'kɔntʊən]
levantar (vt)	å ta ut fra kontoen	[ɔ 'tɑ ʉt fra 'kɔntʊən]
depósito (m)	innskudd (n)	['in,skʉd]
fazer um depósito	å sette inn	[ɔ 'sɛtə in]
transferência (f) bancária	overføring (m/f)	['ɔvər,føriŋ]
transferir (vt)	å overføre	[ɔ 'ɔvər,førə]
soma (f)	sum (m)	['sʉm]
Quanto?	Hvor mye?	[vʊr 'mye]
assinatura (f)	underskrift (m/f)	['ʉnə,ʂkrift]
assinar (vt)	å underskrive	[ɔ 'ʉnə,ʂkrivə]
cartão (m) de crédito	kredittkort (n)	[krɛ'dit,kɔ:t]
código (m)	kode (m)	['kʊdə]
número (m) do cartão de crédito	kreditkortnummer (n)	[krɛ'dit,kɔ:t 'nʉmər]
Caixa Multibanco (m)	minibank (m)	['mini,bank]
cheque (m)	sjekk (m)	['ʂɛk]
passar um cheque	å skrive en sjekk	[ɔ 'skrivə en 'ʂɛk]
livro (m) de cheques	sjekkbok (m/f)	['ʂɛk,bʊk]
empréstimo (m)	lån (n)	['lɔn]
pedir um empréstimo	å søke om lån	[ɔ ,søkə ɔm 'lɔn]
obter um empréstimo	å få lån	[ɔ 'fɔ 'lɔn]
conceder um empréstimo	å gi lån	[ɔ 'ji 'lɔn]
garantia (f)	garanti (m)	[garan'ti]

44. Telefone. Conversação telefónica

telefone (m)	telefon (m)	[tele'fʊn]
telemóvel (m)	mobiltelefon (m)	[mʊ'bil tele'fʊn]
secretária (f) electrónica	telefonsvarer (m)	[tele'fʊn,svarər]
fazer uma chamada	å ringe	[ɔ 'riŋə]
chamada (f)	telefonsamtale (m)	[tele'fʊn 'sam,talə]
marcar um número	å slå et nummer	[ɔ 'ʂlɔ et 'nʉmər]
Alô!	Hallo!	[ha'lʉ]
perguntar (vt)	å spørre	[ɔ 'spørə]
responder (vt)	å svare	[ɔ 'svarə]
ouvir (vt)	å høre	[ɔ 'hørə]

bem	godt	['gɔt]
mal	dårlig	['doːli]
ruído (m)	støy (m)	['støj]

auscultador (m)	telefonrør (n)	[teleˈfʊnˌrør]
pegar o telefone	å ta telefonen	[ɔ 'ta teleˈfʊnən]
desligar (vi)	å legge på røret	[ɔ 'legə pɔ 'røre]

ocupado	opptatt	['ɔpˌtat]
tocar (vi)	å ringe	[ɔ 'riŋə]
lista (f) telefónica	telefonkatalog (m)	[teleˈfʊn kataˈlɔg]

local	lokal-	[lɔ'kal-]
chamada (f) local	lokalsamtale (m)	[lɔ'kal 'samˌtalə]
de longa distância	riks-	['riks-]
chamada (f) de longa distância	rikssamtale (m)	['riks 'samˌtalə]
internacional	internasjonal	['intɛːŋɑʂʊˌnal]
chamada (f) internacional	internasjonal samtale (m)	['intɛːŋɑʂʊˌnal 'samˌtalə]

45. Telefone móvel

telemóvel (m)	mobiltelefon (m)	[mʊ'bil teleˈfʊn]
ecrã (m)	skjerm (m)	['ʂærm]
botão (m)	knapp (m)	['knap]
cartão SIM (m)	SIM-kort (n)	['simˌkɔːt]

bateria (f)	batteri (n)	[batɛ'ri]
descarregar-se	å bli utladet	[ɔ 'bli 'ʉtˌladət]
carregador (m)	lader (m)	['ladər]

menu (m)	meny (m)	[me'ny]
definições (f pl)	innstillinger (m/f pl)	['inˌstiliŋər]
melodia (f)	melodi (m)	[melɔ'di]
escolher (vt)	å velge	[ɔ 'vɛlgə]

calculadora (f)	regnemaskin (m)	['rɛjnə maˌsin]
correio (m) de voz	telefonsvarer (m)	[teleˈfʊnˌsvarər]
despertador (m)	vekkerklokka (m/f)	['vɛkərˌklɔka]
contatos (m pl)	kontakter (m pl)	[kʊn'taktər]

| mensagem (f) de texto | SMS-beskjed (m) | [ɛsɛm'ɛs bɛˌʂɛ] |
| assinante (m) | abonnent (m) | [abɔ'nɛnt] |

46. Estacionário

| caneta (f) | kulepenn (m) | ['kʉːləˌpɛn] |
| caneta (f) tinteiro | fyllepenn (m) | ['fʏləˌpɛn] |

lápis (m)	blyant (m)	['blyˌant]
marcador (m)	merkepenn (m)	['mærkəˌpɛn]
caneta (f) de feltro	tusjpenn (m)	['tʉʂˌpɛn]

bloco (m) de notas	notatbok (m/f)	[nʊ'tɑt‚bʊk]
agenda (f)	dagbok (m/f)	['dɑg‚bʊk]
régua (f)	linjal (m)	[li'njal]
calculadora (f)	regnemaskin (m)	['rɛjnə mɑ‚ʂin]
borracha (f)	viskelær (n)	['viskə‚lær]
pionés (m)	tegnestift (m)	['tæjnə‚stift]
clipe (m)	binders (m)	['bindɛʂ]
cola (f)	lim (n)	['lim]
agrafador (m)	stiftemaskin (m)	['stiftə mɑ‚ʂin]
furador (m)	hullemaskin (m)	['hʉlə mɑ‚ʂin]
afia-lápis (m)	blyantspisser (m)	['blyɑnt‚spisər]

47. Línguas estrangeiras

língua (f)	språk (n)	['sprɔk]
estrangeiro	fremmed-	['fremə-]
língua (f) estrangeira	fremmedspråk (n)	['fremed‚sprɔk]
estudar (vt)	å studere	[ɔ stʉ'derə]
aprender (vt)	å lære	[ɔ 'lærə]
ler (vt)	å lese	[ɔ 'lesə]
falar (vi)	å tale	[ɔ 'talə]
compreender (vt)	å forstå	[ɔ fɔ'ʂtɔ]
escrever (vt)	å skrive	[ɔ 'skrivə]
rapidamente	fort	['fʊ:t]
devagar	langsomt	['laŋsɔmt]
fluentemente	flytende	['flytnə]
regras (f pl)	regler (m pl)	['rɛglər]
gramática (f)	grammatikk (m)	[grama'tik]
vocabulário (m)	ordforråd (n)	['u:rfʊ‚rɔd]
fonética (f)	fonetikk (m)	[fʊne'tik]
manual (m) escolar	lærebok (m/f)	['lærə‚bʊk]
dicionário (m)	ordbok (m/f)	['u:r‚bʊk]
manual (m) de autoaprendizagem	lærebok (m/f) for selvstudium	['lærə‚bʊk fɔ 'sel‚stʉdium]
guia (m) de conversação	parlør (m)	[pɑ:'lør]
cassete (f)	kassett (m)	[ka'sɛt]
vídeo cassete (m)	videokassett (m)	['videu ka'sɛt]
CD (m)	CD-rom (m)	['sɛdɛ‚rʊm]
DVD (m)	DVD (m)	[deve'de]
alfabeto (m)	alfabet (n)	[alfɑ'bet]
soletrar (vt)	å stave	[ɔ 'stavə]
pronúncia (f)	uttale (m)	['ʉt‚talə]
sotaque (m)	aksent (m)	[ak'sɑŋ]
com sotaque	med aksent	[me ak'sɑŋ]
sem sotaque	uten aksent	['ʉtən ak'sɑŋ]

| palavra (f) | ord (n) | ['uːr] |
| sentido (m) | betydning (m) | [be'tʏdniŋ] |

cursos (m pl)	kurs (n)	['kʉʂ]
inscrever-se (vr)	å anmelde seg	[ɔ 'ɑnˌmɛlə sæj]
professor (m)	lærer (m)	['lærər]

tradução (processo)	oversettelse (m)	['ɔvəˌʂɛtəlsə]
tradução (texto)	oversettelse (m)	['ɔvəˌʂɛtəlsə]
tradutor (m)	oversetter (m)	['ɔvəˌʂɛtər]
intérprete (m)	tolk (m)	['tɔlk]

| poliglota (m) | polyglott (m) | [pʊlʏ'glɔt] |
| memória (f) | minne (n), hukommelse (m) | ['minə], [hʉ'kɔməlsə] |

REFEIÇÕES. RESTAURANTE

48. Por a mesa

colher (f)	skje (m)	['şe]
faca (f)	kniv (m)	['kniv]
garfo (m)	gaffel (m)	['gɑfəl]
chávena (f)	kopp (m)	['kɔp]
prato (m)	tallerken (m)	[tɑ'lærkən]
pires (m)	tefat (n)	['te̞fɑt]
guardanapo (m)	serviett (m)	[sɛrvi'ɛt]
palito (m)	tannpirker (m)	['tɑn͵pirkər]

49. Restaurante

restaurante (m)	restaurant (m)	[rɛstu'rɑn]
café (m)	kafé, kaffebar (m)	[kɑ'fe], ['kɑfə͵bɑr]
bar (m), cervejaria (f)	bar (m)	['bɑr]
salão (m) de chá	tesalong (m)	['tesɑ͵lɔn]
empregado (m) de mesa	servitør (m)	['særvi'tør]
empregada (f) de mesa	servitrise (m/f)	[særvi'trisə]
barman (m)	bartender (m)	['bɑː͵tɛndər]
ementa (f)	meny (m)	[me'ny]
lista (f) de vinhos	vinkart (n)	['vin͵kɑːt]
reservar uma mesa	å reservere bord	[ɔ resɛr'verə 'bur]
prato (m)	rett (m)	['rɛt]
pedir (vt)	å bestille	[ɔ be'stilə]
fazer o pedido	å bestille	[ɔ be'stilə]
aperitivo (m)	aperitiff (m)	[ɑperi'tif]
entrada (f)	forrett (m)	['fɔrɛt]
sobremesa (f)	dessert (m)	[de'sɛːr]
conta (f)	regning (m/f)	['rɛjniŋ]
pagar a conta	å betale regningen	[ɔ be'talə 'rɛjniŋən]
dar o troco	å gi tilbake veksel	[ɔ ji til'bɑkə 'vɛksəl]
gorjeta (f)	driks (m)	['driks]

50. Refeições

comida (f)	mat (m)	['mɑt]
comer (vt)	å spise	[ɔ 'spisə]

pequeno-almoço (m)	frokost (m)	['frʊkɔst]
tomar o pequeno-almoço	å spise frokost	[ɔ 'spisə ˌfrʊkɔst]
almoço (m)	lunsj, lunch (m)	['lʉnʂ]
almoçar (vi)	å spise lunsj	[ɔ 'spisə ˌlʉnʂ]
jantar (m)	middag (m)	['miˌdɑ]
jantar (vi)	å spise middag	[ɔ 'spisə 'miˌdɑ]

| apetite (m) | appetitt (m) | [ɑpe'tit] |
| Bom apetite! | God appetitt! | ['gʊ ɑpe'tit] |

abrir (~ uma lata, etc.)	å åpne	[ɔ 'ɔpnə]
derramar (vt)	å spille	[ɔ 'spilə]
derramar-se (vr)	å bli spilt	[ɔ 'bli 'spilt]

ferver (vi)	å koke	[ɔ 'kʊkə]
ferver (vt)	å koke	[ɔ 'kʊkə]
fervido	kokt	['kʊkt]
arrefecer (vt)	å svalne	[ɔ 'svɑlnə]
arrefecer-se (vr)	å avkjøles	[ɔ 'avˌçœləs]

| sabor, gosto (m) | smak (m) | ['smɑk] |
| gostinho (m) | bismak (m) | ['bismɑk] |

fazer dieta	å være på diet	[ɔ 'værə pɔ di'et]
dieta (f)	diett (m)	[di'et]
vitamina (f)	vitamin (n)	[vitɑ'min]
caloria (f)	kalori (m)	[kɑlʊ'ri]
vegetariano (m)	vegetarianer (m)	[vegetɑri'ɑnər]
vegetariano	vegetarisk	[vege'tɑrisk]

gorduras (f pl)	fett (n)	['fɛt]
proteínas (f pl)	proteiner (n pl)	[prɔte'inər]
carboidratos (m pl)	kullhydrater (n pl)	['kʉlhyˌdrɑtər]
fatia (~ de limão, etc.)	skive (m/f)	['ʂivə]
pedaço (~ de bolo)	stykke (n)	['stʏkə]
migalha (f)	smule (m)	['smʉlə]

51. Pratos cozinhados

prato (m)	rett (m)	['rɛt]
cozinha (~ portuguesa)	kjøkken (n)	['çœkən]
receita (f)	oppskrift (m)	['ɔpˌskrift]
porção (f)	porsjon (m)	[pɔ'ʂʉn]

| salada (f) | salat (m) | [sɑ'lɑt] |
| sopa (f) | suppe (m/f) | ['sʉpə] |

caldo (m)	buljong (m)	[bu'ljɔŋ]
sandes (f)	smørbrød (n)	['smørˌbrø]
ovos (m pl) estrelados	speilegg (n)	['spæjlˌɛg]

hambúrguer (m)	hamburger (m)	['hɑmbʊrgər]
bife (m)	biff (m)	['bif]
conduto (m)	tilbehør (n)	['tilbəˌhør]

espaguete (m)	spagetti (m)	[spɑ'gɛti]
puré (m) de batata	potetmos (m)	[pʊ'tet‚mʊs]
pizza (f)	pizza (m)	['pitsɑ]
papa (f)	grøt (m)	['grøt]
omelete (f)	omelett (m)	[ɔmə'let]
cozido em água	kokt	['kʊkt]
fumado	røkt	['røkt]
frito	stekt	['stɛkt]
seco	tørket	['tœrkət]
congelado	frossen, dypfryst	['frɔsən], ['dyp‚frʏst]
em conserva	syltet	['sʏltət]
doce (açucarado)	søt	['søt]
salgado	salt	['salt]
frio	kald	['kɑl]
quente	het, varm	['het], ['vɑrm]
amargo	bitter	['bitər]
gostoso	lekker	['lekər]
cozinhar (em água a ferver)	å koke	[ɔ 'kʊkə]
fazer, preparar (vt)	å lage	[ɔ 'lɑgə]
fritar (vt)	å steke	[ɔ 'stekə]
aquecer (vt)	å varme opp	[ɔ 'vɑrmə ɔp]
salgar (vt)	å salte	[ɔ 'sɑltə]
apimentar (vt)	å pepre	[ɔ 'pɛprə]
ralar (vt)	å rive	[ɔ 'rivə]
casca (f)	skall (n)	['skɑl]
descascar (vt)	å skrelle	[ɔ 'skrɛlə]

52. Comida

carne (f)	kjøtt (n)	['çœt]
galinha (f)	høne (m/f)	['hønə]
frango (m)	kylling (m)	['çyliŋ]
pato (m)	and (m/f)	['ɑn]
ganso (m)	gås (m/f)	['gɔs]
caça (f)	vilt (n)	['vilt]
peru (m)	kalkun (m)	[kɑl'kʉn]
carne (f) de porco	svinekjøtt (n)	['svinə‚çœt]
carne (f) de vitela	kalvekjøtt (n)	['kɑlvə‚çœt]
carne (f) de carneiro	fårekjøtt (n)	['foːrə‚çœt]
carne (f) de vaca	oksekjøtt (n)	['ɔksə‚çœt]
carne (f) de coelho	kanin (m)	[kɑ'nin]
chouriço, salsichão (m)	pølse (m/f)	['pølsə]
salsicha (f)	wienerpølse (m/f)	['vinər‚pølsə]
bacon (m)	bacon (n)	['bɛjkən]
fiambre (f)	skinke (m)	['ʂinkə]
presunto (m)	skinke (m)	['ʂinkə]
patê (m)	pate, paté (m)	[pɑ'te]
fígado (m)	lever (m)	['levər]

carne (f) moída	kjøttfarse (m)	['çœt̞farʂə]
língua (f)	tunge (m/f)	['tʉŋə]

ovo (m)	egg (n)	['ɛg]
ovos (m pl)	egg (n pl)	['ɛg]
clara (f) do ovo	eggehvite (m)	['ɛgəˌvitə]
gema (f) do ovo	plomme (m/f)	['plʊmə]

peixe (m)	fisk (m)	['fisk]
mariscos (m pl)	sjømat (m)	['ʂøˌmɑt]
crustáceos (m pl)	krepsdyr (n pl)	['krɛpsˌdyr]
caviar (m)	kaviar (m)	['kaviˌar]

caranguejo (m)	krabbe (m)	['krabə]
camarão (m)	reke (m/f)	['rekə]
ostra (f)	østers (m)	['østəʂ]
lagosta (f)	langust (m)	[laŋ'gʉst]
polvo (m)	blekksprut (m)	['blekˌsprʉt]
lula (f)	blekksprut (m)	['blekˌsprʉt]

esturjão (m)	stør (m)	['stør]
salmão (m)	laks (m)	['laks]
halibute (m)	kveite (m/f)	['kvæjtə]

bacalhau (m)	torsk (m)	['tɔʂk]
cavala, sarda (f)	makrell (m)	[ma'krɛl]
atum (m)	tunfisk (m)	['tʉnˌfisk]
enguia (f)	ål (m)	['ɔl]

truta (f)	ørret (m)	['øret]
sardinha (f)	sardin (m)	[sɑː'dɪn]
lúcio (m)	gjedde (m/f)	['jɛdə]
arenque (m)	sild (m/f)	['sil]

pão (m)	brød (n)	['brø]
queijo (m)	ost (m)	['ʊst]
açúcar (m)	sukker (n)	['sʉkər]
sal (m)	salt (n)	['salt]

arroz (m)	ris (m)	['ris]
massas (f pl)	pasta, makaroni (m)	['pasta], [maka'rʊni]
talharim (m)	nudler (m pl)	['nʉdlər]

manteiga (f)	smør (n)	['smør]
óleo (m) vegetal	vegetabilsk olje (m)	[vegeta'bilsk ˌɔljə]
óleo (m) de girassol	solsikkeolje (m)	['sʉlsikəˌɔljə]
margarina (f)	margarin (m)	[marga'rin]

azeitonas (f pl)	olivener (m pl)	[ʊ'livenər]
azeite (m)	olivenolje (m)	[ʊ'livənˌɔljə]

leite (m)	melk (m/f)	['mɛlk]
leite (m) condensado	kondensert melk (m/f)	[kʊndən'se:t̞ ˌmɛlk]
iogurte (m)	jogurt (m)	['jɔgʉ:t]
nata (f) azeda	rømme, syrnet fløte (m)	['rœmə], ['sy:ŋet 'fløtə]
nata (f) do leite	fløte (m)	['fløtə]

maionese (f)	majones (m)	[majɔ'nɛs]
creme (m)	krem (m)	['krɛm]
grãos (m pl) de cereais	gryn (n)	['gryn]
farinha (f)	mel (n)	['mel]
enlatados (m pl)	hermetikk (m)	[hɛrme'tik]
flocos (m pl) de milho	cornflakes (m)	['kɔːn̩flɛjks]
mel (m)	honning (m)	['hɔniŋ]
doce (m)	syltetøy (n)	['syltə͵tøj]
pastilha (f) elástica	tyggegummi (m)	['tygə͵gʉmi]

53. Bebidas

água (f)	vann (n)	['vɑn]
água (f) potável	drikkevann (n)	['drikə͵vɑn]
água (f) mineral	mineralvann (n)	[minə'ral͵vɑn]
sem gás	uten kullsyre	['ʉtən kʉl'syrə]
gaseificada	kullsyret	[kʉl'syrət]
com gás	med kullsyre	[me kʉl'syrə]
gelo (m)	is (m)	['is]
com gelo	med is	[me 'is]
sem álcool	alkoholfri	['ɑlkʉhʉl͵fri]
bebida (f) sem álcool	alkoholfri drikk (m)	['ɑlkʉhʉl͵fri drik]
refresco (m)	leskedrikk (m)	['leskə͵drik]
limonada (f)	limonade (m)	[limɔ'nɑdə]
bebidas (f pl) alcoólicas	rusdrikker (m pl)	['rʉs͵drikər]
vinho (m)	vin (m)	['vin]
vinho (m) branco	hvitvin (m)	['vit͵vin]
vinho (m) tinto	rødvin (m)	['rø͵vin]
licor (m)	likør (m)	[li'kør]
champanhe (m)	champagne (m)	[ʂam'panjə]
vermute (m)	vermut (m)	['værmʉt]
uísque (m)	whisky (m)	['viski]
vodka (f)	vodka (m)	['vɔdkɑ]
gim (m)	gin (m)	['dʒin]
conhaque (m)	konjakk (m)	['kʉnjɑk]
rum (m)	rom (m)	['rʉm]
café (m)	kaffe (m)	['kɑfə]
café (m) puro	svart kaffe (m)	['svɑːʈ 'kɑfə]
café (m) com leite	kaffe (m) med melk	['kɑfə me 'mɛlk]
cappuccino (m)	cappuccino (m)	[kɑpu'tʃinɔ]
café (m) solúvel	pulverkaffe (m)	['pʉlvər͵kɑfə]
leite (m)	melk (m/f)	['mɛlk]
coquetel (m)	cocktail (m)	['kɔk͵tɛjl]
batido (m) de leite	milkshake (m)	['milk͵ʂɛjk]
sumo (m)	jus, juice (m)	['dʒʉs]

sumo (m) de tomate	tomatjuice (m)	[tʊ'mat,dʒʉs]
sumo (m) de laranja	appelsinjuice (m)	[apel'sin,dʒʉs]
sumo (m) fresco	nypresset juice (m)	['ny,prɛsə 'dʒʉs]

cerveja (f)	øl (m/n)	['øl]
cerveja (f) clara	lettøl (n)	['let,øl]
cerveja (f) preta	mørkt øl (n)	['mœrkt,øl]

chá (m)	te (m)	['te]
chá (m) preto	svart te (m)	['sva:t ,te]
chá (m) verde	grønn te (m)	['grœn ,te]

54. Vegetais

| legumes (m pl) | grønnsaker (m pl) | ['grœn,sakər] |
| verduras (f pl) | grønnsaker (m pl) | ['grœn,sakər] |

tomate (m)	tomat (m)	[tʊ'mat]
pepino (m)	agurk (m)	[a'gʉrk]
cenoura (f)	gulrot (m/f)	['gʉl,rʊt]
batata (f)	potet (m/f)	[pʊ'tet]
cebola (f)	løk (m)	['løk]
alho (m)	hvitløk (m)	['vit,løk]

| couve (f) | kål (m) | ['kɔl] |
| couve-flor (f) | blomkål (m) | ['blɔm,kɔl] |

| couve-de-bruxelas (f) | rosenkål (m) | ['rʊsən,kɔl] |
| brócolos (m pl) | brokkoli (m) | ['brɔkɔli] |

beterraba (f)	rødbete (m/f)	['rø,betə]
beringela (f)	aubergine (m)	[ɔbɛr'sin]
curgete (f)	squash (m)	['skvɔʂ]

| abóbora (f) | gresskar (n) | ['grɛskar] |
| nabo (m) | nepe (m/f) | ['nepə] |

salsa (f)	persille (m/f)	[pæ'ʂilə]
funcho, endro (m)	dill (m)	['dil]
alface (f)	salat (m)	[sa'lat]
aipo (m)	selleri (m/n)	[sɛle,ri]

| espargo (m) | asparges (m) | [a'sparʂəs] |
| espinafre (m) | spinat (m) | [spi'nat] |

| ervilha (f) | erter (m pl) | ['æ:ʈər] |
| fava (f) | bønner (m/f pl) | ['bœnər] |

| milho (m) | mais (m) | ['mais] |
| feijão (m) | bønne (m/f) | ['bœnə] |

pimentão (m)	pepper (m)	['pɛpər]
rabanete (m)	reddik (m)	['rɛdik]
alcachofra (f)	artisjokk (m)	[,a:ʈi'ʂɔk]

55. Frutos. Nozes

fruta (f)	frukt (m/f)	['frʉkt]
maçã (f)	eple (n)	['ɛplə]
pera (f)	pære (m/f)	['pæːrə]
limão (m)	sitron (m)	[si'trʊn]
laranja (f)	appelsin (m)	[apel'sin]
morango (m)	jordbær (n)	['juːrˌbær]
tangerina (f)	mandarin (m)	[mandɑ'rin]
ameixa (f)	plomme (m/f)	['plʊmə]
pêssego (m)	fersken (m)	['fæʂkən]
damasco (m)	aprikos (m)	[apri'kʊs]
framboesa (f)	bringebær (n)	['briŋəˌbær]
ananás (m)	ananas (m)	['ananɑs]
banana (f)	banan (m)	[bɑ'nɑn]
melancia (f)	vannmelon (m)	['vɑnmeˌlʊn]
uva (f)	drue (m)	['drʉə]
ginja (f)	kirsebær (n)	['çiʂəˌbær]
cereja (f)	morell (m)	[mʊ'rɛl]
meloa (f)	melon (m)	[me'lun]
toranja (f)	grapefrukt (m/f)	['grɛjpˌfrʉkt]
abacate (m)	avokado (m)	[avɔ'kadɔ]
papaia (f)	papaya (m)	[pa'paja]
manga (f)	mango (m)	['maŋu]
romã (f)	granateple (n)	[gra'natˌɛplə]
groselha (f) vermelha	rips (m)	['rips]
groselha (f) preta	solbær (n)	['sʊlˌbær]
groselha (f) espinhosa	stikkelsbær (n)	['stikəlsˌbær]
mirtilo (m)	blåbær (n)	['blɔˌbær]
amora silvestre (f)	bjørnebær (m)	['bjœːŋəˌbær]
uvas (f pl) passas	rosin (m)	[rʊ'sin]
figo (m)	fiken (m)	['fikən]
tâmara (f)	daddel (m)	['dadəl]
amendoim (m)	jordnøtt (m)	['juːrˌnœt]
amêndoa (f)	mandel (m)	['mandəl]
noz (f)	valnøtt (m/f)	['valˌnœt]
avelã (f)	hasselnøtt (m/f)	['hasəlˌnœt]
coco (m)	kokosnøtt (m/f)	['kʊkʊsˌnœt]
pistáchios (m pl)	pistasier (m pl)	[pi'staʂiər]

56. Pão. Bolaria

pastelaria (f)	bakevarer (m/f pl)	['bakəˌvarər]
pão (m)	brød (n)	['brø]
bolacha (f)	kjeks (m)	['çɛks]
chocolate (m)	sjokolade (m)	[ʂʊkʊ'ladə]
de chocolate	sjokolade-	[ʂʊkʊ'ladə-]

rebuçado (m)	sukkertøy (n), karamell (m)	['sʉkə:ˌtøj], [kara'mɛl]
bolo (cupcake, etc.)	kake (m/f)	['kakə]
bolo (m) de aniversário	bløtkake (m/f)	['bløtˌkakə]
tarte (~ de maçã)	pai (m)	['paj]
recheio (m)	fyll (m/n)	['fʏl]
doce (m)	syltetøy (n)	['syltəˌtøj]
geleia (f) de frutas	marmelade (m)	[marme'ladə]
waffle (m)	vaffel (m)	['vafəl]
gelado (m)	iskrem (m)	['iskrɛm]
pudim (m)	pudding (m)	['pʉdiŋ]

57. Especiarias

sal (m)	salt (n)	['salt]
salgado	salt	['salt]
salgar (vt)	å salte	[ɔ 'saltə]
pimenta (f) preta	svart pepper (m)	['svɑ:ʈ 'pɛpər]
pimenta (f) vermelha	rød pepper (m)	['rø 'pɛpər]
mostarda (f)	sennep (m)	['sɛnəp]
raiz-forte (f)	pepperrot (m/f)	['pɛpərˌrʊt]
condimento (m)	krydder (n)	['krʏdər]
especiaria (f)	krydder (n)	['krʏdər]
molho (m)	saus (m)	['saʉs]
vinagre (m)	eddik (m)	['ɛdik]
anis (m)	anis (m)	['anis]
manjericão (m)	basilik (m)	[basi'lik]
cravo (m)	nellik (m)	['nɛlik]
gengibre (m)	ingefær (m)	['iŋəˌfær]
coentro (m)	koriander (m)	[kʉri'andər]
canela (f)	kanel (m)	[ka'nel]
sésamo (m)	sesam (m)	['sesam]
folhas (f pl) de louro	laurbærblad (n)	['laʉrbærˌbla]
páprica (f)	paprika (m)	['paprika]
cominho (m)	karve, kummin (m)	['karvə], ['kʉmin]
açafrão (m)	safran (m)	[sa'fran]

INFORMAÇÃO PESSOAL. FAMÍLIA

58. Informação pessoal. Formulários

nome (m)	navn (n)	['nɑvn]
apelido (m)	etternavn (n)	['ɛtə‚ŋɑvn]
data (f) de nascimento	fødselsdato (m)	['føtsəls‚dɑtʊ]
local (m) de nascimento	fødested (n)	['fødə‚sted]
nacionalidade (f)	nasjonalitet (m)	[nɑʂʊnɑli'tet]
lugar (m) de residência	bosted (n)	['bʊ‚sted]
país (m)	land (n)	['lɑn]
profissão (f)	yrke (n), profesjon (m)	['yrkə], [prʊfe'ʂʊn]
sexo (m)	kjønn (n)	['çœn]
estatura (f)	høyde (m)	['højdə]
peso (m)	vekt (m)	['vɛkt]

59. Membros da família. Parentes

mãe (f)	mor (m/f)	['mʊr]
pai (m)	far (m)	['fɑr]
filho (m)	sønn (m)	['sœn]
filha (f)	datter (m/f)	['dɑtər]
filha (f) mais nova	yngste datter (m/f)	['yŋstə 'dɑtər]
filho (m) mais novo	yngste sønn (m)	['yŋstə 'sœn]
filha (f) mais velha	eldste datter (m/f)	['ɛlstə 'dɑtər]
filho (m) mais velho	eldste sønn (m)	['ɛlstə 'sœn]
irmão (m)	bror (m)	['brʊr]
irmão (m) mais velho	eldre bror (m)	['ɛldrə ‚brʊr]
irmão (m) mais novo	lillebror (m)	['lilə‚brʊr]
irmã (f)	søster (m/f)	['søstər]
irmã (f) mais velha	eldre søster (m/f)	['ɛldrə ‚søstər]
irmã (f) mais nova	lillesøster (m/f)	['lilə‚søstər]
primo (m)	fetter (m/f)	['fɛtər]
prima (f)	kusine (m)	[kʉ'sinə]
mamã (f)	mamma (m)	['mɑmɑ]
papá (m)	pappa (m)	['pɑpɑ]
pais (pl)	foreldre (pl)	[for'ɛldrə]
criança (f)	barn (n)	['bɑːŋ]
crianças (f pl)	barn (n pl)	['bɑːŋ]
avó (f)	bestemor (m)	['bɛstə‚mʊr]
avô (m)	bestefar (m)	['bɛstə‚far]
neto (m)	barnebarn (n)	['bɑːŋə‚bɑːŋ]

neta (f)	barnebarn (n)	['bɑːŋəˌbɑːŋ]
netos (pl)	barnebarn (n pl)	['bɑːŋəˌbɑːŋ]

tio (m)	onkel (m)	['ʊnkəl]
tia (f)	tante (m/f)	['tɑntə]
sobrinho (m)	nevø (m)	[ne'vø]
sobrinha (f)	niese (m/f)	[ni'esə]

sogra (f)	svigermor (m/f)	['sviɡərˌmʊr]
sogro (m)	svigerfar (m)	['sviɡərˌfɑr]
genro (m)	svigersønn (m)	['sviɡərˌsœn]
madrasta (f)	stemor (m/f)	['steˌmʊr]
padrasto (m)	stefar (m)	['steˌfɑr]

criança (f) de colo	brystbarn (n)	['brʏstˌbɑːŋ]
bebé (m)	spedbarn (n)	['speˌbɑːŋ]
menino (m)	lite barn (n)	['litə 'bɑːŋ]

mulher (f)	kone (m/f)	['kʊnə]
marido (m)	mann (m)	['mɑn]
esposo (m)	ektemann (m)	['ɛktəˌmɑn]
esposa (f)	hustru (m)	['hʉstrʉ]

casado	gift	['jift]
casada	gift	['jift]
solteiro	ugift	[ʉ'jift]
solteirão (m)	ungkar (m)	['ʉŋˌkɑr]
divorciado	fraskilt	['frɑˌʂilt]
viúva (f)	enke (m)	['ɛnkə]
viúvo (m)	enkemann (m)	['ɛnkəˌmɑn]

parente (m)	slektning (m)	['ʂlektniŋ]
parente (m) próximo	nær slektning (m)	['nær 'slektniŋ]
parente (m) distante	fjern slektning (m)	['fjæːŋ 'slektniŋ]
parentes (m pl)	slektninger (m pl)	['ʂlektniŋər]

órfão (m), órfã (f)	foreldreløst barn (n)	[fɔr'ɛldrələst ˌbɑːŋ]
tutor (m)	formynder (m)	['fɔrˌmʏnər]
adotar (um filho)	å adoptere	[ɔ adɔp'terə]
adotar (uma filha)	å adoptere	[ɔ adɔp'terə]

60. Amigos. Colegas de trabalho

amigo (m)	venn (m)	['vɛn]
amiga (f)	venninne (m/f)	[vɛ'ninə]
amizade (f)	vennskap (n)	['vɛnˌskɑp]
ser amigos	å være venner	[ɔ 'værə 'vɛnər]

amigo (m)	venn (m)	['vɛn]
amiga (f)	venninne (m/f)	[vɛ'ninə]
parceiro (m)	partner (m)	['pɑːtnər]

chefe (m)	sjef (m)	['ʂɛf]
superior (m)	overordnet (m)	['ɔvərˌɔrdnet]

proprietário (m)	eier (m)	['æjər]
subordinado (m)	underordnet (m)	['ʉnər‚ɔrdnet]
colega (m)	kollega (m)	[kʊ'lega]

conhecido (m)	bekjent (m)	[be'çɛnt]
companheiro (m) de viagem	medpassasjer (m)	['me‚pasa'sɛr]
colega (m) de classe	klassekamerat (m)	['klasə‚kamə'rɑːt]

vizinho (m)	nabo (m)	['nɑbʊ]
vizinha (f)	nabo (m)	['nɑbʊ]
vizinhos (pl)	naboer (m pl)	['nɑbʊər]

CORPO HUMANO. MEDICINA

61. Cabeça

cabeça (f)	hode (n)	['hʊdə]
cara (f)	ansikt (n)	['ɑnsikt]
nariz (m)	nese (m/f)	['nesə]
boca (f)	munn (m)	['mʉn]
olho (m)	øye (n)	['øjə]
olhos (m pl)	øyne (n pl)	['øjnə]
pupila (f)	pupill (m)	[pʉ'pil]
sobrancelha (f)	øyenbryn (n)	['øjən,bryn]
pestana (f)	øyenvipp (m)	['øjən,vip]
pálpebra (f)	øyelokk (m)	['øjə,lɔk]
língua (f)	tunge (m/f)	['tʉŋə]
dente (m)	tann (m/f)	['tɑn]
lábios (m pl)	lepper (m/f pl)	['lepər]
maçãs (f pl) do rosto	kinnbein (n pl)	['çin,bæjn]
gengiva (f)	tannkjøtt (n)	['tɑn,çœt]
palato (m)	gane (m)	['gɑnə]
narinas (f pl)	nesebor (n pl)	['nesə,bʊr]
queixo (m)	hake (m/f)	['hɑkə]
mandíbula (f)	kjeve (m)	['çɛvə]
bochecha (f)	kinn (n)	['çin]
testa (f)	panne (m/f)	['pɑnə]
têmpora (f)	tinning (m)	['tiniŋ]
orelha (f)	øre (n)	['ørə]
nuca (f)	bakhode (n)	['bɑk,hodə]
pescoço (m)	hals (m)	['hɑls]
garganta (f)	strupe, hals (m)	['strʉpə], ['hɑls]
cabelos (m pl)	hår (n pl)	['hɔr]
penteado (m)	frisyre (m)	[fri'syrə]
corte (m) de cabelo	hårfasong (m)	['hoːrfɑ,sɔŋ]
peruca (f)	parykk (m)	[pɑ'rʏk]
bigode (m)	mustasje (m)	[mʉ'stɑʂə]
barba (f)	skjegg (n)	['ʂɛg]
usar, ter (~ barba, etc.)	å ha	[ɔ 'hɑ]
trança (f)	flette (m/f)	['fletə]
suíças (f pl)	bakkenbarter (pl)	['bɑkən,bɑːtər]
ruivo	rødhåret	['rø,hoːrət]
grisalho	grå	['grɔ]
calvo	skallet	['skɑlət]
calva (f)	skallet flekk (m)	['skɑlət ,flek]

rabo-de-cavalo (m)	hestehale (m)	['hɛstə,halə]
franja (f)	pannelugg (m)	['panə,lʉg]

62. Corpo humano

mão (f)	hånd (m/f)	['hɔn]
braço (m)	arm (m)	['arm]

dedo (m)	finger (m)	['fiŋər]
dedo (m) do pé	tå (m/f)	['tɔ]
polegar (m)	tommel (m)	['tɔməl]
dedo (m) mindinho	lillefinger (m)	['lilə,fiŋər]
unha (f)	negl (m)	['nɛjl]

punho (m)	knyttneve (m)	['knʏt,nevə]
palma (f) da mão	håndflate (m/f)	['hɔn,flatə]
pulso (m)	håndledd (n)	['hɔn,led]
antebraço (m)	underarm (m)	['ʉnər,arm]
cotovelo (m)	albue (m)	['al,bʉə]
ombro (m)	skulder (m)	['skʉldər]

perna (f)	bein (n)	['bæjn]
pé (m)	fot (m)	['fʊt]
joelho (m)	kne (n)	['knɛ]
barriga (f) da perna	legg (m)	['leg]
anca (f)	hofte (m)	['hɔftə]
calcanhar (m)	hæl (m)	['hæl]

corpo (m)	kropp (m)	['krɔp]
barriga (f)	mage (m)	['magə]
peito (m)	bryst (n)	['brʏst]
seio (m)	bryst (n)	['brʏst]
lado (m)	side (m/f)	['sidə]
costas (f pl)	rygg (m)	['rʏg]
região (f) lombar	korsrygg (m)	['kɔ:ʂ,rʏg]
cintura (f)	liv (n), midje (m/f)	['liv], ['midjə]

umbigo (m)	navle (m)	['navlə]
nádegas (f pl)	rumpeballer (m pl)	['rʉmpə,balər]
traseiro (m)	bak (m)	['bak]

sinal (m)	føflekk (m)	['fø,flek]
sinal (m) de nascença	fødselsmerke (n)	['føtsəls,mærke]
tatuagem (f)	tatovering (m/f)	[tatʉ'vɛriŋ]
cicatriz (f)	arr (n)	['ar]

63. Doenças

doença (f)	sykdom (m)	['sʏk,dɔm]
estar doente	å være syk	[ɔ 'værə 'syk]
saúde (f)	helse (m/f)	['hɛlsə]
nariz (m) a escorrer	snue (m)	['snʉə]

amigdalite (f)	angina (m)	[an'gina]
constipação (f)	forkjølelse (m)	[fɔr'çœləlsə]
constipar-se (vr)	å forkjøle seg	[ɔ fɔr'çœlə sæj]

bronquite (f)	bronkitt (m)	[brɔn'kit]
pneumonia (f)	lungebetennelse (m)	['luŋə be'tɛnəlsə]
gripe (f)	influensa (m)	[influ'ɛnsa]

míope	nærsynt	['næˌsʏnt]
presbita	langsynt	['laŋsʏnt]
estrabismo (m)	skjeløydhet (m)	['ʂɛløjdˌhet]
estrábico	skjeløyd	['ʂɛlˌøjd]
catarata (f)	grå stær, katarakt (m)	['grɔ ˌstær], [kata'rakt]
glaucoma (m)	glaukom (n)	[glau'kɔm]

AVC (m), apoplexia (f)	hjerneslag (n)	['jæːnəˌslag]
ataque (m) cardíaco	infarkt (n)	[in'farkt]
enfarte (m) do miocárdio	myokardieinfarkt (n)	['miɔ'kardiə in'farkt]
paralisia (f)	paralyse, lammelse (m)	['para'lyse], ['laməlsə]
paralisar (vt)	å lamme	[ɔ 'lamə]

alergia (f)	allergi (m)	[alæː'gi]
asma (f)	astma (m)	['astma]
diabetes (f)	diabetes (m)	[dia'betəs]

| dor (f) de dentes | tannpine (m/f) | ['tanˌpinə] |
| cárie (f) | karies (m) | ['karies] |

diarreia (f)	diaré (m)	[dia'rɛ]
prisão (f) de ventre	forstoppelse (m)	[fɔ'ʂtɔpəlsə]
desarranjo (m) intestinal	magebesvær (m)	['magəˌbe'svær]
intoxicação (f) alimentar	matforgiftning (m/f)	['matˌfɔr'jiftniŋ]
intoxicar-se	å få matforgiftning	[ɔ 'fɔ matˌfɔr'jiftniŋ]

artrite (f)	artritt (m)	[aːˈrit]
raquitismo (m)	rakitt (m)	[ra'kit]
reumatismo (m)	revmatisme (m)	[revma'tismə]
arteriosclerose (f)	arteriosklerose (m)	[aːˈteriʊskleˌrʊsə]

gastrite (f)	magekatarr, gastritt (m)	['magəkaˌtar], [ˌga'strit]
apendicite (f)	appendisitt (m)	[apɛndi'sit]
colecistite (f)	galleblærebetennelse (m)	['galeˌblærə be'tɛnəlsə]
úlcera (f)	magesår (n)	['magəˌsɔr]

sarampo (m)	meslinger (m pl)	['mɛsˌliŋər]
rubéola (f)	røde hunder (m pl)	['rødə 'hunər]
iterícia (f)	gulsott (m/f)	['gulˌsʊt]
hepatite (f)	hepatitt (m)	[hepa'tit]

esquizofrenia (f)	schizofreni (m)	[sisʊfre'ni]
raiva (f)	rabies (m)	['rabiəs]
neurose (f)	nevrose (m)	[nev'rʊsə]
comoção (f) cerebral	hjernerystelse (m)	['jæːnəˌrʏstəlsə]

| cancro (m) | kreft, cancer (m) | ['krɛft], ['kansər] |
| esclerose (f) | sklerose (m) | [skle'rʊsə] |

esclerose (f) múltipla	multippel sklerose (m)	[mʉl'tipəl skle'rʊsə]
alcoolismo (m)	alkoholisme (m)	[alkʊhʊ'lismə]
alcoólico (m)	alkoholiker (m)	[alkʊ'hʊlikər]
sífilis (f)	syfilis (m)	['syfilis]
SIDA (f)	AIDS, aids (m)	['ɛjds]

tumor (m)	svulst, tumor (m)	['svʉlst], [tʉ'mʊr]
maligno	ondartet, malign	['ʊn‚ɑːʈət], [ma'lign]
benigno	godartet	['gʊ‚ɑːʈət]

febre (f)	feber (m)	['febər]
malária (f)	malaria (m)	[ma'lɑria]
gangrena (f)	koldbrann (m)	['kɔlbran]
enjoo (m)	sjøsyke (m)	['ʂøˌsykə]
epilepsia (f)	epilepsi (m)	[ɛpilep'si]

epidemia (f)	epidemi (m)	[ɛpide'mi]
tifo (m)	tyfus (m)	['tyfʉs]
tuberculose (f)	tuberkulose (m)	[tubærkʉ'lɔsə]
cólera (f)	kolera (m)	['kʊlera]
peste (f)	pest (m)	['pɛst]

64. Sintomas. Tratamentos. Parte 1

sintoma (m)	symptom (n)	[sʏmp'tʊm]
temperatura (f)	temperatur (m)	[tɛmpəra'tʉr]
febre (f)	høy temperatur (m)	['høj tɛmpəra'tʉr]
pulso (m)	puls (m)	['pʉls]

vertigem (f)	svimmelhet (m)	['sviməlˌhet]
quente (testa, etc.)	varm	['varm]
calafrio (m)	skjelving (m/f)	['ʂɛlviŋ]
pálido	blek	['blek]

tosse (f)	hoste (m)	['hʊstə]
tossir (vi)	å hoste	[ɔ 'hʊstə]
espirrar (vi)	å nyse	[ɔ 'nysə]
desmaio (m)	besvimelse (m)	[bɛ'sviməlsə]
desmaiar (vi)	å besvime	[ɔ be'svimə]

nódoa (f) negra	blåmerke (n)	['blɔˌmærkə]
galo (m)	bule (m)	['bʉlə]
magoar-se (vr)	å slå seg	[ɔ 'ʂlɔ sæj]
pisadura (f)	blåmerke (n)	['blɔˌmærkə]
aleijar-se (vr)	å slå seg	[ɔ 'ʂlɔ sæj]

coxear (vi)	å halte	[ɔ 'haltə]
deslocação (f)	forvridning (m)	[for'vridniŋ]
deslocar (vt)	å forvri	[ɔ for'vri]
fratura (f)	brudd (n), fraktur (m)	['brʉd], [frak'tʉr]
fraturar (vt)	å få brudd	[ɔ 'fɔ 'brʉd]

| corte (m) | skjæresår (n) | ['ʂæːrəˌsɔr] |
| cortar-se (vr) | å skjære seg | [ɔ 'ʂæːrə sæj] |

hemorragia (f)	blødning (m/f)	['blødniŋ]
queimadura (f)	brannsår (n)	['branˌsɔr]
queimar-se (vr)	å brenne seg	[ɔ 'brɛnə sæj]

picar (vt)	å stikke	[ɔ 'stikə]
picar-se (vr)	å stikke seg	[ɔ 'stikə sæj]
lesionar (vt)	å skade	[ɔ 'skadə]
lesão (m)	skade (n)	['skadə]
ferida (f), ferimento (m)	sår (n)	['sɔr]
trauma (m)	traume (m)	['traʊmə]

delirar (vi)	å snakke i villelse	[ɔ 'snakə i 'viləlsə]
gaguejar (vi)	å stamme	[ɔ 'stamə]
insolação (f)	solstikk (n)	['sʊlˌstik]

65. Sintomas. Tratamentos. Parte 2

dor (f)	smerte (m)	['smæːʈə]
farpa (no dedo)	flis (m/f)	['flis]

suor (m)	svette (m)	['svɛtə]
suar (vi)	å svette	[ɔ 'svɛtə]
vómito (m)	oppkast (n)	['ɔpˌkast]
convulsões (f pl)	kramper (m pl)	['krampər]

grávida	gravid	[gra'vid]
nascer (vi)	å fødes	[ɔ 'fødə]
parto (m)	fødsel (m)	['føtsəl]
dar à luz	å føde	[ɔ 'fødə]
aborto (m)	abort (m)	[a'bɔːʈ]

respiração (f)	åndedrett (n)	['ɔŋdəˌdrɛt]
inspiração (f)	innånding (m/f)	['inˌɔniŋ]
expiração (f)	utånding (m/f)	['ʉtˌɔndiŋ]
expirar (vi)	å puste ut	[ɔ 'pʉstə ʉt]
inspirar (vi)	å ånde inn	[ɔ 'ɔŋdə ˌin]

inválido (m)	handikappet person (m)	['handiˌkapət pæ'ʂʊn]
aleijado (m)	krøpling (m)	['krøpliŋ]
toxicodependente (m)	narkoman (m)	[narkʊ'man]

surdo	døv	['døv]
mudo	stum	['stʉm]
surdo-mudo	døvstum	['døfˌstʉm]

louco (adj.)	gal	['gal]
louco (m)	gal mann (m)	['gal ˌman]
louca (f)	gal kvinne (m/f)	['gal ˌkvinə]
ficar louco	å bli sinnssyk	[ɔ 'bli 'sinˌsyk]

gene (m)	gen (m)	['gen]
imunidade (f)	immunitet (m)	[imʉni'tet]
hereditário	arvelig	['arvəli]
congénito	medfødt	['meːˌføt]

vírus (m)	virus (m)	['virus]
micróbio (m)	mikrobe (m)	[mi'krʊbə]
bactéria (f)	bakterie (m)	[bɑk'teriə]
infeção (f)	infeksjon (m)	[infɛk'ʂʊn]

66. Sintomas. Tratamentos. Parte 3

| hospital (m) | sykehus (n) | ['sykə,hʉs] |
| paciente (m) | pasient (m) | [pɑsi'ɛnt] |

diagnóstico (m)	diagnose (m)	[diɑ'gnʊsə]
cura (f)	kur (m)	['kʉr]
tratamento (m) médico	behandling (m/f)	[be'hɑndliŋ]
curar-se (vr)	å bli behandlet	[ɔ 'bli be'hɑndlət]
tratar (vt)	å behandle	[ɔ be'hɑndlə]
cuidar (pessoa)	å skjøtte	[ɔ 'ʂøtə]
cuidados (m pl)	sykepleie (m/f)	['sykə,plæjə]

operação (f)	operasjon (m)	[ɔpərɑ'ʂʊn]
enfaixar (vt)	å forbinde	[ɔ for'binə]
enfaixamento (m)	forbinding (m)	[for'biniŋ]

vacinação (f)	vaksinering (m/f)	[vɑksi'neriŋ]
vacinar (vt)	å vaksinere	[ɔ vɑksi'nerə]
injeção (f)	injeksjon (m), sprøyte (m/f)	[injɛk'ʂʊn], ['sprøjtə]
dar uma injeção	å gi en sprøyte	[ɔ 'ji en 'sprøjtə]

ataque (~ de asma, etc.)	anfall (n)	['ɑn,fɑl]
amputação (f)	amputasjon (m)	[ɑmpʉtɑ'ʂʊn]
amputar (vt)	å amputere	[ɔ ɑmpʉ'terə]
coma (f)	koma (m)	['kʊmɑ]
estar em coma	å ligge i koma	[ɔ 'ligə i 'kʊmɑ]
reanimação (f)	intensivavdeling (m/f)	['inten,siv 'ɑv,deliŋ]

recuperar-se (vr)	å bli frisk	[ɔ 'bli 'frisk]
estado (~ de saúde)	tilstand (m)	['til,stɑn]
consciência (f)	bevissthet (m)	[be'vist,het]
memória (f)	minne (n), hukommelse (m)	['minə], [hʉ'kɔməlsə]

tirar (vt)	å trekke ut	[ɔ 'trɛkə ʉt]
chumbo (m), obturação (f)	fylling (m/f)	['fʏliŋ]
chumbar, obturar (vt)	å plombere	[ɔ plʊm'berə]

| hipnose (f) | hypnose (m) | [hʏp'nʊsə] |
| hipnotizar (vt) | å hypnotisere | [ɔ hʏpnʉti'serə] |

67. Medicina. Drogas. Acessórios

medicamento (m)	medisin (m)	[medi'sin]
remédio (m)	middel (n)	['midəl]
receitar (vt)	å ordinere	[ɔ ɔrdi'nerə]
receita (f)	resept (m)	[re'sɛpt]

comprimido (m)	tablett (m)	[tab'let]
pomada (f)	salve (m/f)	['salvə]
ampola (f)	ampulle (m)	[am'pʉlə]
preparado (m)	mikstur (m)	[miks'tʉr]
xarope (m)	sirup (m)	['sirʉp]
cápsula (f)	pille (m/f)	['pilə]
remédio (m) em pó	pulver (n)	['pʉlvər]

ligadura (f)	gasbind (n)	['gas‚bin]
algodão (m)	vatt (m/n)	['vat]
iodo (m)	jod (m/n)	['ʉd]

penso (m) rápido	plaster (n)	['plastər]
conta-gotas (m)	pipette (m)	[pi'pɛtə]
termómetro (m)	termometer (n)	[tɛrmʉ'metər]
seringa (f)	sprøyte (m/f)	['sprøjtə]

| cadeira (f) de rodas | rullestol (m) | ['rʉlə‚stʉl] |
| muletas (f pl) | krykker (m/f pl) | ['krʏkər] |

analgésico (m)	smertestillende middel (n)	['smæːtə‚stilenə 'midəl]
laxante (m)	laksativ (n)	[laksa'tiv]
álcool (m) etílico	sprit (m)	['sprit]
ervas (f pl) medicinais	legeurter (m/f pl)	['legə‚ʉːtər]
de ervas (chá ~)	urte-	['ʉːtə-]

APARTAMENTO

68. Apartamento

apartamento (m)	leilighet (m/f)	['læjli‚het]
quarto (m)	rom (n)	['rʉm]
quarto (m) de dormir	soverom (n)	['sɔvə‚rʉm]
sala (f) de jantar	spisestue (m/f)	['spisə‚stʉə]
sala (f) de estar	dagligstue (m/f)	['dɑgli‚stʉə]
escritório (m)	arbeidsrom (n)	['ɑrbæjds‚rʉm]
antessala (f)	entré (m)	[ɑn'trɛ:]
quarto (m) de banho	bad, baderom (n)	['bɑd], ['bɑdə‚rʉm]
toilette (lavabo)	toalett, WC (n)	[tʊɑ'let], [vɛ'sɛ]
teto (m)	tak (n)	['tɑk]
chão, soalho (m)	gulv (n)	['gʉlv]
canto (m)	hjørne (n)	['jœ:ŋə]

69. Mobiliário. Interior

mobiliário (m)	møbler (n pl)	['møblər]
mesa (f)	bord (n)	['bʊr]
cadeira (f)	stol (m)	['stʊl]
cama (f)	seng (m/f)	['sɛŋ]
divã (m)	sofa (m)	['sʉfɑ]
cadeirão (m)	lenestol (m)	['lenə‚stʊl]
estante (f)	bokskap (n)	['bʊk‚skɑp]
prateleira (f)	hylle (m/f)	['hʏlə]
guarda-vestidos (m)	klesskap (n)	['kle‚skɑp]
cabide (m) de parede	knaggbrett (n)	['knɑg‚brɛt]
cabide (m) de pé	stumtjener (m)	['stʉm‚tjenər]
cómoda (f)	kommode (m)	[kʉ'mʊdə]
mesinha (f) de centro	kaffebord (n)	['kɑfə‚bʊr]
espelho (m)	speil (n)	['spæjl]
tapete (m)	teppe (n)	['tɛpə]
tapete (m) pequeno	lite teppe (n)	['litə 'tɛpə]
lareira (f)	peis (m), ildsted (n)	['pæjs], ['ilsted]
vela (f)	lys (n)	['lys]
castiçal (m)	lysestake (m)	['lysə‚stɑkə]
cortinas (f pl)	gardiner (m/f pl)	[gɑ:'dinər]
papel (m) de parede	tapet (n)	[tɑ'pet]

estores (f pl)	persienne (m)	[pæʂi'enə]
candeeiro (m) de mesa	bordlampe (m/f)	['bʊr‚lampə]
candeeiro (m) de parede	vegglampe (m/f)	['vɛg‚lampə]
candeeiro (m) de pé	gulvlampe (m/f)	['gʉlv‚lampə]
lustre (m)	lysekrone (m/f)	['lysə‚krʊnə]

pé (de mesa, etc.)	bein (n)	['bæjn]
braço (m)	armlene (n)	['arm‚lenə]
costas (f pl)	rygg (m)	['rʏg]
gaveta (f)	skuff (m)	['skʉf]

70. Quarto de dormir

roupa (f) de cama	sengetøy (n)	['sɛŋə‚tøj]
almofada (f)	pute (m/f)	['pʉtə]
fronha (f)	putevar, putetrekk (n)	['pʉtə‚var], ['pʉtə‚trɛk]
cobertor (m)	dyne (m/f)	['dynə]
lençol (m)	laken (n)	['lakən]
colcha (f)	sengeteppe (n)	['sɛŋə‚tɛpə]

71. Cozinha

cozinha (f)	kjøkken (n)	['çœkən]
gás (m)	gass (m)	['gas]
fogão (m) a gás	gasskomfyr (m)	['gas kɔm‚fyr]
fogão (m) elétrico	elektrisk komfyr (m)	[ɛ'lektrisk kɔm‚fyr]
forno (m)	bakeovn (m)	['bakə‚ɔvn]
forno (m) de micro-ondas	mikrobølgeovn (m)	['mikrʊ‚bølgə'ɔvn]

frigorífico (m)	kjøleskap (n)	['çœlə‚skap]
congelador (m)	fryser (m)	['frysər]
máquina (f) de lavar louça	oppvaskmaskin (m)	['ɔpvask ma‚ʂin]

moedor (m) de carne	kjøttkvern (m/f)	['çœt‚kvɛːn̩]
espremedor (m)	juicepresse (m/f)	['dʒʉs‚prɛsə]
torradeira (f)	brødrister (m)	['brø‚ristər]
batedeira (f)	mikser (m)	['miksər]

máquina (f) de café	kaffetrakter (m)	['kafə‚traktər]
cafeteira (f)	kaffekanne (m/f)	['kafə‚kanə]
moinho (m) de café	kaffekvern (m/f)	['kafə‚kvɛːn̩]

chaleira (f)	tekjele (m)	['te‚çelə]
bule (m)	tekanne (m/f)	['te‚kanə]
tampa (f)	lokk (n)	['lɔk]
coador (m) de chá	tesil (m)	['te‚sil]

colher (f)	skje (m)	['ʂe]
colher (f) de chá	teskje (m)	['te‚ʂe]
colher (f) de sopa	spiseskje (m)	['spisə‚ʂɛ]
garfo (m)	gaffel (m)	['gafəl]
faca (f)	kniv (m)	['kniv]

louça (f)	servise (n)	[sær'visə]
prato (m)	tallerken (m)	[ta'lærkən]
pires (m)	tefat (n)	['te‚fat]

cálice (m)	shotglass (n)	['ʂɔt‚glas]
copo (m)	glass (n)	['glas]
chávena (f)	kopp (m)	['kɔp]

açucareiro (m)	sukkerskål (m/f)	['sʉkər‚skɔl]
saleiro (m)	saltbøsse (m/f)	['salt‚bøsə]
pimenteiro (m)	pepperbøsse (m/f)	['pɛpər‚bøsə]
manteigueira (f)	smørkopp (m)	['smœr‚kɔp]

panela, caçarola (f)	gryte (m/f)	['grytə]
frigideira (f)	steikepanne (m/f)	['stæjkə‚panə]
concha (f)	sleiv (m/f)	['ʂlæjv]
passador (m)	dørslag (n)	['dœʂlag]
bandeja (f)	brett (n)	['brɛt]

garrafa (f)	flaske (m)	['flaskə]
boião (m) de vidro	glasskrukke (m/f)	['glas‚krʉkə]
lata (f)	boks (m)	['bɔks]

abre-garrafas (m)	flaskeåpner (m)	['flaskə‚ɔpnər]
abre-latas (m)	konservåpner (m)	['kʉnsəv‚ɔpnər]
saca-rolhas (m)	korketrekker (m)	['kɔrkə‚trɛkər]
filtro (m)	filter (n)	['filtər]
filtrar (vt)	å filtrere	[ɔ fil'trerə]

| lixo (m) | søppel (m/f/n) | ['sœpəl] |
| balde (m) do lixo | søppelbøtte (m/f) | ['sœpəl‚bœtə] |

72. Casa de banho

quarto (m) de banho	bad, baderom (n)	['bad], ['badə‚rʉm]
água (f)	vann (n)	['van]
torneira (f)	kran (m/f)	['kran]
água (f) quente	varmt vann (n)	['varmt ‚van]
água (f) fria	kaldt vann (n)	['kalt van]

pasta (f) de dentes	tannpasta (m)	['tan‚pasta]
escovar os dentes	å pusse tennene	[ɔ 'pʉsə 'tɛnənə]
escova (f) de dentes	tannbørste (m)	['tan‚bœʂtə]

barbear-se (vr)	å barbere seg	[ɔ bar'berə sæj]
espuma (f) de barbear	barberskum (n)	[bar'bɛ‚skʉm]
máquina (f) de barbear	høvel (m)	['høvəl]

lavar (vt)	å vaske	[ɔ 'vaskə]
lavar-se (vr)	å vaske seg	[ɔ 'vaskə sæj]
duche (m)	dusj (m)	['dʉʂ]
tomar um duche	å ta en dusj	[ɔ 'ta en 'dʉʂ]
banheira (f)	badekar (n)	['badə‚kar]
sanita (f)	toalettstol (m)	[tʉa'let‚stʉl]

lavatório (m)	vaskeservant (m)	['vɑskə‚sɛr'vɑnt]
sabonete (m)	såpe (m/f)	['soːpə]
saboneteira (f)	såpeskål (m/f)	['soːpə‚skɔl]

esponja (f)	svamp (m)	['svɑmp]
champô (m)	sjampo (m)	['ʂɑm‚pʉ]
toalha (f)	håndkle (n)	['hɔn‚kle]
roupão (m) de banho	badekåpe (m/f)	['bɑdə‚koːpə]

lavagem (f)	vask (m)	['vɑsk]
máquina (f) de lavar	vaskemaskin (m)	['vɑskə mɑ‚ʂin]
lavar a roupa	å vaske tøy	[ɔ 'vɑskə 'tøj]
detergente (m)	vaskepulver (n)	['vɑskə‚pʉlvər]

73. Eletrodomésticos

televisor (m)	TV (m), TV-apparat (n)	['tɛvɛ], ['tɛvɛ ɑpɑ'rɑt]
gravador (m)	båndopptaker (m)	['bɔn‚ɔptɑkər]
videogravador (m)	video (m)	['videʉ]
rádio (m)	radio (m)	['rɑdiʉ]
leitor (m)	spiller (m)	['spilər]

projetor (m)	videoprojektor (m)	['videʉ pro'jɛktɔr]
cinema (m) em casa	hjemmekino (m)	['jɛmə‚çinʉ]
leitor (m) de DVD	DVD-spiller (m)	[deve'de ‚spilər]
amplificador (m)	forsterker (m)	[fɔ'ʂtærkər]
console (f) de jogos	spillkonsoll (m)	['spil kʉn'sɔl]

câmara (f) de vídeo	videokamera (n)	['videʉ ‚kɑmerɑ]
máquina (f) fotográfica	kamera (n)	['kɑmerɑ]
câmara (f) digital	digitalkamera (n)	[digi'tɑl ‚kɑmerɑ]

aspirador (m)	støvsuger (m)	['støf‚sʉgər]
ferro (m) de engomar	strykejern (n)	['strykə jæːn̩]
tábua (f) de engomar	strykebrett (n)	['strykə‚brɛt]

telefone (m)	telefon (m)	[tele'fʉn]
telemóvel (m)	mobiltelefon (m)	[mʉ'bil tele'fʉn]
máquina (f) de escrever	skrivemaskin (m)	['skrivə mɑ‚ʂin]
máquina (f) de costura	symaskin (m)	['siːmɑ‚ʂin]

microfone (m)	mikrofon (m)	[mikrʉ'fʉn]
auscultadores (m pl)	hodetelefoner (n pl)	['hɔdətelə‚fʉnər]
controlo remoto (m)	fjernkontroll (m)	['fjæːn̩ kʉn'trɔl]

CD (m)	CD-rom (m)	['sɛdɛ‚rʉm]
cassete (f)	kassett (m)	[kɑ'sɛt]
disco (m) de vinil	plate, skive (m/f)	['plɑtə], ['ʂivə]

A TERRA. TEMPO

74. Espaço sideral

cosmos (m)	rommet, kosmos (n)	['rʊmə], ['kɔsmɔs]
cósmico	rom-	['rʊm-]
espaço (m) cósmico	ytre rom (n)	['ytrə ˌrʊm]
mundo (m)	verden (m)	['værdən]
universo (m)	univers (n)	[ʉni'væʂ]
galáxia (f)	galakse (m)	[ɡɑ'lɑksə]
estrela (f)	stjerne (m/f)	['stjæːŋə]
constelação (f)	stjernebilde (n)	['stjæːŋəˌbildə]
planeta (m)	planet (m)	[plɑ'net]
satélite (m)	satellitt (m)	[sɑtɛ'lit]
meteorito (m)	meteoritt (m)	[meteʊ'rit]
cometa (m)	komet (m)	[kʊ'met]
asteroide (m)	asteroide (n)	[ɑsterʊ'idə]
órbita (f)	bane (m)	['bɑnə]
girar (vi)	å rotere	[ɔ rɔ'terə]
atmosfera (f)	atmosfære (m)	[ɑtmʊ'sfærə]
Sol (m)	Solen	['sʊlən]
Sistema (m) Solar	solsystem (n)	['sʊl sʏ'stem]
eclipse (m) solar	solformørkelse (m)	['sʊl fɔr'mœrkəlsə]
Terra (f)	Jorden	['juːrən]
Lua (f)	Månen	['moːnən]
Marte (m)	Mars	['mɑʂ]
Vénus (f)	Venus	['venʉs]
Júpiter (m)	Jupiter	['jʉpitər]
Saturno (m)	Saturn	['sɑˌtʉːn]
Mercúrio (m)	Merkur	[mær'kʉr]
Urano (m)	Uranus	[ʉ'rɑnʉs]
Neptuno (m)	Neptun	[nɛp'tʉn]
Plutão (m)	Pluto	['plʉtʊ]
Via Láctea (f)	Melkeveien	['mɛlkəˌvæjən]
Ursa Maior (f)	den Store Bjørn	['dən 'stʊrə ˌbjœːŋ]
Estrela Polar (f)	Nordstjernen, Polaris	['nuːrˌstjæːŋən], [pɔ'laris]
marciano (m)	marsbeboer (m)	['mɑʂˌbebʊər]
extraterrestre (m)	utenomjordisk vesen (n)	['ʉtənɔmˌjuːrdisk 'vesən]
alienígena (m)	romvesen (n)	['rʊmˌvesən]

disco (m) voador	flygende tallerken (m)	['flygenə tɑ'lærkən]
nave (f) espacial	romskip (n)	['rʊm,ʂip]
estação (f) orbital	romstasjon (m)	['rʊm,stɑ'ʂʊn]
lançamento (m)	start (m), oppskyting (m/f)	['stɑːt], ['ɔp,sytiŋ]
motor (m)	motor (m)	['mɔtʊr]
bocal (m)	dyse (m)	['dysə]
combustível (m)	brensel (n), drivstoff (n)	['brɛnsəl], ['drif,stɔf]
cabine (f)	cockpit (m), flydekk (n)	['kɔkpit], ['fly,dɛk]
antena (f)	antenne (m)	[ɑn'tɛnə]
vigia (f)	koøye (n)	['kʊ,øjə]
bateria (f) solar	solbatteri (n)	['sʊl batɛ'ri]
traje (m) espacial	romdrakt (m/f)	['rʊm,drɑkt]
imponderabilidade (f)	vektløshet (m/f)	['vɛktløs,het]
oxigénio (m)	oksygen (n)	['ɔksy'gen]
acoplagem (f)	dokking (m/f)	['dɔkiŋ]
fazer uma acoplagem	å dokke	[ɔ 'dɔkə]
observatório (m)	observatorium (n)	[ɔbsərvɑ'tʊrium]
telescópio (m)	teleskop (n)	[tele'skʊp]
observar (vt)	å observere	[ɔ ɔbsɛr'verə]
explorar (vt)	å utforske	[ɔ 'ʉt,fɔʂkə]

75. A Terra

Terra (f)	Jorden	['juːrən]
globo terrestre (Terra)	jordklode (m)	['juːr,klodə]
planeta (m)	planet (m)	[plɑ'net]
atmosfera (f)	atmosfære (m)	[atmʊ'sfærə]
geografia (f)	geografi (m)	[geʊgrɑ'fi]
natureza (f)	natur (m)	[nɑ'tʉr]
globo (mapa esférico)	globus (m)	['globʉs]
mapa (m)	kart (n)	['kɑːt]
atlas (m)	atlas (n)	['ɑtlɑs]
Europa (f)	Europa	[ɛʉ'rʊpɑ]
Ásia (f)	Asia	['ɑsiɑ]
África (f)	Afrika	['ɑfrikɑ]
Austrália (f)	Australia	[aʉ'strɑliɑ]
América (f)	Amerika	[ɑ'merikɑ]
América (f) do Norte	Nord-Amerika	['nuːr ɑ'merikɑ]
América (f) do Sul	Sør-Amerika	['sør ɑ'merikɑ]
Antártida (f)	Antarktis	[ɑn'tɑrktis]
Ártico (m)	Arktis	['ɑrktis]

76. Pontos cardeais

norte (m)	nord (n)	['nuːr]
para norte	mot nord	[mʊt 'nuːr]
no norte	i nord	[i 'nuːr]
do norte	nordlig	['nuːrli]
sul (m)	syd, sør	['syd], ['sør]
para sul	mot sør	[mʊt 'sør]
no sul	i sør	[i 'sør]
do sul	sydlig, sørlig	['sydli], ['søːli]
oeste, ocidente (m)	vest (m)	['vɛst]
para oeste	mot vest	[mʊt 'vɛst]
no oeste	i vest	[i 'vɛst]
ocidental	vestlig, vest-	['vɛstli]
leste, oriente (m)	øst (m)	['øst]
para leste	mot øst	[mʊt 'øst]
no leste	i øst	[i 'øst]
oriental	østlig	['østli]

77. Mar. Oceano

mar (m)	hav (n)	['hɑv]
oceano (m)	verdenshav (n)	[værdəns'hɑv]
golfo (m)	bukt (m/f)	['bʉkt]
estreito (m)	sund (n)	['sʉn]
terra (f) firme	fastland (n)	['fɑstˌlɑn]
continente (m)	fastland, kontinent (n)	['fɑstˌlɑn], [kʊnti'nɛnt]
ilha (f)	øy (m/f)	['øj]
península (f)	halvøy (m/f)	['hɑlˌøːj]
arquipélago (m)	skjærgård (m), arkipelag (n)	['şærˌgor], [ɑrkipe'lɑg]
baía (f)	bukt (m/f)	['bʉkt]
porto (m)	havn (m/f)	['hɑvn]
lagoa (f)	lagune (m)	[lɑ'gʉnə]
cabo (m)	nes (n), kapp (n)	['nes], ['kɑp]
atol (m)	atoll (m)	[ɑ'tɔl]
recife (m)	rev (n)	['rev]
coral (m)	korall (m)	[kʊ'rɑl]
recife (m) de coral	korallrev (n)	[kʊ'rɑlˌrɛv]
profundo	dyp	['dyp]
profundidade (f)	dybde (m)	['dʏbdə]
abismo (m)	avgrunn (m)	['ɑvˌgrʉn]
fossa (f) oceânica	dyphavsgrop (m/f)	['dyphɑfsˌgrɔp]
corrente (f)	strøm (m)	['strøm]
banhar (vt)	å omgi	[ɔ 'ɔmˌji]
litoral (m)	kyst (m)	['çyst]

costa (f)	kyst (m)	['çyst]
maré (f) alta	flo (m/f)	['flʊ]
refluxo (m), maré (f) baixa	ebbe (m), fjære (m/f)	['ɛbə], ['fjærə]
restinga (f)	sandbanke (m)	['sanˌbankə]
fundo (m)	bunn (m)	['bʉn]

onda (f)	bølge (m)	['bølgə]
crista (f) da onda	bølgekam (m)	['bølgəˌkam]
espuma (f)	skum (n)	['skʉm]

tempestade (f)	storm (m)	['stɔrm]
furacão (m)	orkan (m)	[ɔr'kan]
tsunami (m)	tsunami (m)	[tsʉ'nami]
calmaria (f)	stille (m/f)	['stilə]
calmo	stille	['stilə]

| polo (m) | pol (m) | ['pʊl] |
| polar | pol-, polar | ['pʊl-], [pʊ'lar] |

latitude (f)	bredde, latitude (m)	['brɛdə], ['latiˌtʉdə]
longitude (f)	lengde (m/f)	['leŋdə]
paralela (f)	breddegrad (m)	['brɛdəˌgrad]
equador (m)	ekvator (m)	[ɛ'kvatʊr]

céu (m)	himmel (m)	['himəl]
horizonte (m)	horisont (m)	[hʊri'sɔnt]
ar (m)	luft (f)	['lʉft]

farol (m)	fyr (n)	['fyr]
mergulhar (vi)	å dykke	[ɔ 'dʏkə]
afundar-se (vr)	å synke	[ɔ 'sʏnkə]
tesouros (m pl)	skatter (m pl)	['skatər]

78. Nomes de Mares e Oceanos

Oceano (m) Atlântico	Atlanterhavet	[at'lantərˌhave]
Oceano (m) Índico	Indiahavet	['indiaˌhave]
Oceano (m) Pacífico	Stillehavet	['stiləˌhave]
Oceano (m) Ártico	Polhavet	['pɔlˌhave]

Mar (m) Negro	Svartehavet	['sva:ʈəˌhave]
Mar (m) Vermelho	Rødehavet	['rødəˌhave]
Mar (m) Amarelo	Gulehavet	['gʉləˌhave]
Mar (m) Branco	Kvitsjøen, Hvitehavet	['kvitˌsø:n], ['vitˌhave]

Mar (m) Cáspio	Kaspihavet	['kaspiˌhave]
Mar (m) Morto	Dødehavet	['dødə'have]
Mar (m) Mediterrâneo	Middelhavet	['midəlˌhave]

| Mar (m) Egeu | Egeerhavet | [ɛ'ge:ərˌhave] |
| Mar (m) Adriático | Adriahavet | ['adriaˌhave] |

| Mar (m) Arábico | Arabiahavet | [a'rabiaˌhave] |
| Mar (m) do Japão | Japanhavet | ['japanˌhave] |

| Mar (m) de Bering | Beringhavet | ['beriŋˌhɑve] |
| Mar (m) da China Meridional | Sør-Kina-havet | ['sørˌçinɑ 'hɑve] |

Mar (m) de Coral	Korallhavet	[kʊ'ralˌhɑve]
Mar (m) de Tasman	Tasmanhavet	[tɑs'manˌhɑve]
Mar (m) do Caribe	Karibhavet	[ka'ribˌhɑve]

| Mar (m) de Barents | Barentshavet | ['bɑrɛnsˌhɑve] |
| Mar (m) de Kara | Karahavet | ['kɑrɑˌhɑve] |

Mar (m) do Norte	Nordsjøen	['nʊːrˌʂøːn]
Mar (m) Báltico	Østersjøen	['østəˌʂøːn]
Mar (m) da Noruega	Norskehavet	['nɔʂkəˌhɑve]

79. Montanhas

montanha (f)	fjell (n)	['fjɛl]
cordilheira (f)	fjellkjede (m)	['fjɛlˌçɛːdə]
serra (f)	fjellrygg (m)	['fjɛlˌrʏg]

cume (m)	topp (m)	['tɔp]
pico (m)	tind (m)	['tin]
sopé (m)	fot (m)	['fʊt]
declive (m)	skråning (m)	['skrɔniŋ]

vulcão (m)	vulkan (m)	[vʉl'kɑn]
vulcão (m) ativo	virksom vulkan (m)	['virksɔm vʉl'kɑn]
vulcão (m) extinto	utslukt vulkan (m)	['ʉtˌʂlʉkt vʉl'kɑn]

erupção (f)	utbrudd (n)	['ʉtˌbrʉd]
cratera (f)	krater (n)	['krɑtər]
magma (m)	magma (m/n)	['mɑgmɑ]
lava (f)	lava (m)	['lɑvɑ]
fundido (lava ~a)	glødende	['glødenə]

desfiladeiro (m)	canyon (m)	['kanjən]
garganta (f)	gjel (n), kløft (m)	['jel], ['klœft]
fenda (f)	renne (m/f)	['rɛnə]
precipício (m)	avgrunn (m)	['avˌgrʉn]

passo, colo (m)	pass (n)	['pɑs]
planalto (m)	platå (n)	[plɑ'to]
falésia (f)	klippe (m)	['klipə]
colina (f)	ås (m)	['ɔs]

glaciar (m)	bre, jøkel (m)	['bre], ['jøkəl]
queda (f) d'água	foss (m)	['fɔs]
géiser (m)	geysir (m)	['gɛjsir]
lago (m)	innsjø (m)	['in'ʂø]

planície (f)	slette (m/f)	['ʂletə]
paisagem (f)	landskap (n)	['lanˌskɑp]
eco (m)	ekko (n)	['ɛkʊ]
alpinista (m)	alpinist (m)	[ɑlpi'nist]

escalador (m)	fjellklatrer (m)	['fjɛlˌklɑtrər]
conquistar (vt)	å erobre	[ɔ ɛ'rʊbrə]
subida, escalada (f)	bestigning (m/f)	[be'stigniŋ]

80. Nomes de montanhas

Alpes (m pl)	Alpene	['ɑlpenə]
monte Branco (m)	Mont Blanc	[ˌmɔn'blɑn]
Pirineus (m pl)	Pyreneene	[pyre'neːənə]

Cárpatos (m pl)	Karpatene	[kɑr'pɑtenə]
montes (m pl) Urais	Uralfjellene	[ʉ'rɑl ˌfjɛlenə]
Cáucaso (m)	Kaukasus	['kaʉkɑsʉs]
Elbrus (m)	Elbrus	[ɛl'brʉs]

Altai (m)	Altaj	[ɑl'tɑj]
Tian Shan (m)	Tien Shan	[ti'enˌsɑn]
Pamir (m)	Pamir	[pɑ'mir]
Himalaias (m pl)	Himalaya	[himɑ'lɑjɑ]
monte (m) Everest	Everest	['ɛve'rɛst]

| Cordilheira (f) dos Andes | Andes | ['ɑndəs] |
| Kilimanjaro (m) | Kilimanjaro | [kilimɑn'dʂɑrʊ] |

81. Rios

rio (m)	elv (m/f)	['ɛlv]
fonte, nascente (f)	kilde (m)	['çildə]
leito (m) do rio	elveleie (n)	['ɛlvəˌlæje]
bacia (f)	flodbasseng (n)	['flʊd bɑˌseŋ]
desaguar no ...	å munne ut ...	[ɔ 'mʉnə ʉt ...]

| afluente (m) | bielv (m/f) | ['biˌelv] |
| margem (do rio) | bredd (m) | ['brɛd] |

corrente (f)	strøm (m)	['strøm]
rio abaixo	medstrøms	['meˌstrøms]
rio acima	motstrøms	['mʊtˌstrøms]

inundação (f)	oversvømmelse (m)	['ovəˌsvœmelsə]
cheia (f)	flom (m)	['flɔm]
transbordar (vi)	å overflø	[ɔ 'overˌflø]
inundar (vt)	å oversvømme	[ɔ 'oveˌsvœmə]

| banco (m) de areia | grunne (m/f) | ['grʉnə] |
| rápidos (m pl) | stryk (m/n) | ['stryk] |

barragem (f)	demning (m)	['dɛmniŋ]
canal (m)	kanal (m)	[kɑ'nɑl]
reservatório (m) de água	reservoar (n)	[resɛrvʊ'ɑr]
eclusa (f)	sluse (m)	['ʂlʉsə]
corpo (m) de água	vannmasse (m)	['vɑnˌmɑsə]

pântano (m)	myr, sump (m)	['myr], ['sʉmp]
tremedal (m)	hengemyr (m)	['hɛŋeˌmyr]
remoinho (m)	virvel (m)	['virvəl]

arroio, regato (m)	bekk (m)	['bɛk]
potável	drikke-	['drikə-]
doce (água)	fersk-	['fæʂk-]

| gelo (m) | is (m) | ['is] |
| congelar-se (vr) | å fryse til | [ɔ 'frysə til] |

82. Nomes de rios

| rio Sena (m) | Seine | ['sɛːn] |
| rio Loire (m) | Loire | [lu'aːr] |

rio Tamisa (m)	Themsen	['tɛmsən]
rio Reno (m)	Rhinen	['riːnən]
rio Danúbio (m)	Donau	['dɔnaʉ]

rio Volga (m)	Volga	['vɔlga]
rio Don (m)	Don	['dɔn]
rio Lena (m)	Lena	['lena]

rio Amarelo (m)	Huang He	[ˌhwɑn'hɛ]
rio Yangtzé (m)	Yangtze	['jaŋtse]
rio Mekong (m)	Mekong	[me'kɔŋ]
rio Ganges (m)	Ganges	['gaŋes]

rio Nilo (m)	Nilen	['nilən]
rio Congo (m)	Kongo	['kɔngʉ]
rio Cubango (m)	Okavango	[ʉka'vangʉ]
rio Zambeze (m)	Zambezi	[sam'besi]
rio Limpopo (m)	Limpopo	[limpɔ'pɔ]
rio Mississípi (m)	Mississippi	['misi'sipi]

83. Floresta

| floresta (f), bosque (m) | skog (m) | ['skʉg] |
| florestal | skog- | ['skʉg-] |

mata (f) cerrada	tett skog (n)	['tɛt ˌskʉg]
arvoredo (m)	lund (m)	['lʉn]
clareira (f)	glenne (m/f)	['glenə]

| matagal (m) | krattskog (m) | ['kratˌskʉg] |
| mato (m) | kratt (n) | ['krat] |

vereda (f)	sti (m)	['sti]
ravina (f)	ravine (m)	[ra'vinə]
árvore (f)	tre (n)	['trɛ]
folha (f)	blad (n)	['bla]

folhagem (f)	**løv** (n)	['løv]
queda (f) das folhas	**løvfall** (n)	['løv‚fɑl]
cair (vi)	**å falle**	[ɔ 'fɑlə]
topo (m)	**tretopp** (m)	['trɛ‚tɔp]
ramo (m)	**kvist, gren** (m)	['kvist], ['gren]
galho (m)	**gren, grein** (m/f)	['gren], ['græjn]
botão, rebento (m)	**knopp** (m)	['knɔp]
agulha (f)	**nål** (m/f)	['nɔl]
pinha (f)	**kongle** (m/f)	['kuŋlə]
buraco (m) de árvore	**trehull** (n)	['trɛ‚hʉl]
ninho (m)	**reir** (n)	['ræjr]
toca (f)	**hule** (m/f)	['hʉlə]
tronco (m)	**stamme** (m)	['stɑmə]
raiz (f)	**rot** (m/f)	['rʊt]
casca (f) de árvore	**bark** (m)	['bɑrk]
musgo (m)	**mose** (m)	['mʊsə]
arrancar pela raiz	**å rykke opp med roten**	[ɔ 'rʏkə ɔp me 'rutən]
cortar (vt)	**å felle**	[ɔ 'fɛlə]
desflorestar (vt)	**å hogge ned**	[ɔ 'hɔgə 'ne]
toco, cepo (m)	**stubbe** (m)	['stʉbə]
fogueira (f)	**bål** (n)	['bɔl]
incêndio (m) florestal	**skogbrann** (m)	['skʊg‚brɑn]
apagar (vt)	**å slokke**	[ɔ 'ʂløkə]
guarda-florestal (m)	**skogvokter** (m)	['skʊg‚vɔktər]
proteção (f)	**vern** (n), **beskyttelse** (m)	['væːɳ], ['be'ʂytəlsə]
proteger (a natureza)	**å beskytte**	[ɔ be'ʂytə]
caçador (m) furtivo	**tyvskytter** (m)	['tyf‚ʂytər]
armadilha (f)	**saks** (m/f)	['sɑks]
colher (cogumelos, bagas)	**å plukke**	[ɔ 'plʉkə]
perder-se (vr)	**å gå seg vill**	[ɔ 'gɔ sæj 'vil]

84. Recursos naturais

recursos (m pl) naturais	**naturressurser** (m pl)	[nɑ'tʉr rɛ'sʉʂər]
minerais (m pl)	**mineraler** (n pl)	[minə'rɑlər]
depósitos (m pl)	**forekomster** (m pl)	['fɔrə‚kɔmstər]
jazida (f)	**felt** (m)	['fɛlt]
extrair (vt)	**å utvinne**	[ɔ 'ʉt‚vinə]
extração (f)	**utvinning** (m/f)	['ʉt‚viniŋ]
minério (m)	**malm** (m)	['mɑlm]
mina (f)	**gruve** (m/f)	['grʉvə]
poço (m) de mina	**gruvesjakt** (m/f)	['grʉvə‚ʂɑkt]
mineiro (m)	**gruvearbeider** (m)	['grʉvə'ɑr‚bæjdər]
gás (m)	**gass** (m)	['gɑs]
gasoduto (m)	**gassledning** (m)	['gɑs‚ledniŋ]

petróleo (m)	olje (m)	['ɔljə]
oleoduto (m)	oljeledning (m)	['ɔljə‚edniŋ]
poço (m) de petróleo	oljebrønn (m)	['ɔljə‚brœn]
torre (f) petrolífera	boretårn (n)	['boːrə‚toːn]
petroleiro (m)	tankskip (n)	['tank‚sip]

areia (f)	sand (m)	['san]
calcário (m)	kalkstein (m)	['kalk‚stæjn]
cascalho (m)	grus (m)	['grʉs]
turfa (f)	torv (m/f)	['tɔrv]
argila (f)	leir (n)	['læjr]
carvão (m)	kull (n)	['kʉl]

ferro (m)	jern (n)	['jæːn]
ouro (m)	gull (n)	['gʉl]
prata (f)	sølv (n)	['søl]
níquel (m)	nikkel (m)	['nikəl]
cobre (m)	kobber (n)	['kɔbər]

zinco (m)	sink (m/n)	['sink]
manganês (m)	mangan (m/n)	[ma'ŋan]
mercúrio (m)	kvikksølv (n)	['kvik‚søl]
chumbo (m)	bly (n)	['bly]

mineral (m)	mineral (n)	[minə'ral]
cristal (m)	krystall (m/n)	[kry'stal]
mármore (m)	marmor (m/n)	['marmʉr]
urânio (m)	uran (m/n)	[ʉ'ran]

85. Tempo

tempo (m)	vær (n)	['vær]
previsão (f) do tempo	værvarsel (n)	['vær‚vaʂəl]
temperatura (f)	temperatur (m)	[tɛmpəra'tʉr]
termómetro (m)	termometer (n)	[tɛrmu'metər]
barómetro (m)	barometer (n)	[barʉ'metər]

húmido	fuktig	['fʉkti]
humidade (f)	fuktighet (m)	['fʉkti‚het]
calor (m)	hete (m)	['heːtə]
cálido	het	['het]
está muito calor	det er hett	[de ær 'het]

| está calor | det er varmt | [de ær 'varmt] |
| quente | varm | ['varm] |

| está frio | det er kaldt | [de ær 'kalt] |
| frio | kald | ['kal] |

sol (m)	sol (m/f)	['sʉl]
brilhar (vi)	å skinne	[ɔ 'ʂinə]
de sol, ensolarado	solrik	['sʉl‚rik]
nascer (vi)	å gå opp	[ɔ 'gɔ ɔp]
pôr-se (vr)	å gå ned	[ɔ 'gɔ ne]

nuvem (f)	sky (m)	['şy]
nublado	skyet	['şy:ət]
nuvem (f) preta	regnsky (m/f)	['ræjn,şy]
escuro, cinzento	mørk	['mœrk]

chuva (f)	regn (n)	['ræjn]
está a chover	det regner	[de 'ræjnər]
chuvoso	regnværs-	['ræjn,væş-]
chuviscar (vi)	å småregne	[ɔ 'smo:ræjnə]

chuva (f) torrencial	piskende regn (n)	['piskenə ,ræjn]
chuvada (f)	styrtregn (n)	['sty:t̞,ræjn]
forte (chuva)	kraftig, sterk	['krɑfti], ['stærk]
poça (f)	vannpytt (m)	['vɑn,pʏt]
molhar-se (vr)	å bli våt	[ɔ 'bli 'vɔt]

nevoeiro (m)	tåke (m/f)	['to:kə]
de nevoeiro	tåke	['to:kə]
neve (f)	snø (m)	['snø]
está a nevar	det snør	[de 'snør]

86. Tempo extremo. Catástrofes naturais

trovoada (f)	tordenvær (n)	['tʊrdən,vær]
relâmpago (m)	lyn (n)	['lyn]
relampejar (vi)	å glimte	[ɔ 'glimtə]

trovão (m)	torden (m)	['tʊrdən]
trovejar (vi)	å tordne	[ɔ 'tʊrdnə]
está a trovejar	det tordner	[de 'tʊrdnər]

| granizo (m) | hagle (m/f) | ['hɑglə] |
| está a cair granizo | det hagler | [de 'hɑglər] |

| inundar (vt) | å oversvømme | [ɔ 'ɔvə,svœmə] |
| inundação (f) | oversvømmelse (m) | ['ɔvə,svœməlsə] |

terremoto (m)	jordskjelv (n)	['ju:r,şɛlv]
abalo, tremor (m)	skjelv (n)	['şɛlv]
epicentro (m)	episenter (n)	[ɛpi'sɛntər]

| erupção (f) | utbrudd (n) | ['ʉt,brʉd] |
| lava (f) | lava (m) | ['lɑvɑ] |

turbilhão (m)	skypumpe (m/f)	['şy,pʉmpə]
tornado (m)	tornado (m)	[tʊ:'ŋɑdʊ]
tufão (m)	tyfon (m)	[ty'fʊn]

furacão (m)	orkan (m)	[ɔr'kɑn]
tempestade (f)	storm (m)	['stɔrm]
tsunami (m)	tsunami (m)	[tsʉ'nɑmi]

| ciclone (m) | syklon (m) | [sy'klun] |
| mau tempo (m) | uvær (n) | ['ʉ:,vær] |

incêndio (m)	brann (m)	['bran]
catástrofe (f)	katastrofe (m)	[kata'strɔfə]
meteorito (m)	meteoritt (m)	[meteʊ'rit]
avalanche (f)	lavine (m)	[la'vinə]
deslizamento (m) de neve	snøskred, snøras (n)	['snø‚skred], ['snøras]
nevasca (f)	snøstorm (m)	['snø‚stɔrm]
tempestade (f) de neve	snøstorm (m)	['snø‚stɔrm]

FAUNA

87. Mamíferos. Predadores

predador (m)	rovdyr (n)	['rɔv‚dyr]
tigre (m)	tiger (m)	['tigər]
leão (m)	løve (m/f)	['løve]
lobo (m)	ulv (m)	['ʉlv]
raposa (f)	rev (m)	['rev]
jaguar (m)	jaguar (m)	[jagʉ'ɑr]
leopardo (m)	leopard (m)	[leʉ'pɑrd]
chita (f)	gepard (m)	[ge'pɑrd]
pantera (f)	panter (m)	['pɑntər]
puma (m)	puma (m)	['pʉmɑ]
leopardo-das-neves (m)	snøleopard (m)	['snø leʉ'pɑrd]
lince (m)	gaupe (m/f)	['gaʉpə]
coiote (m)	coyote, prærieulv (m)	[kɔ'jotə], ['præri‚ʉlv]
chacal (m)	sjakal (m)	[ʂɑ'kɑl]
hiena (f)	hyene (m)	[hy'enə]

88. Animais selvagens

animal (m)	dyr (n)	['dyr]
besta (f)	best, udyr (n)	['bɛst], ['ʉ‚dyr]
esquilo (m)	ekorn (n)	['ɛkʉːŋ]
ouriço (m)	pinnsvin (n)	['pin‚svin]
lebre (f)	hare (m)	['harə]
coelho (m)	kanin (m)	[kɑ'nin]
texugo (m)	grevling (m)	['grɛvliŋ]
guaxinim (m)	vaskebjørn (m)	['vɑskə‚bjœːŋ]
hamster (m)	hamster (m)	['hamstər]
marmota (f)	murmeldyr (n)	['mʉrməl‚dyr]
toupeira (f)	muldvarp (m)	['mʉl‚vɑrp]
rato (m)	mus (m/f)	['mʉs]
ratazana (f)	rotte (m/f)	['rɔtə]
morcego (m)	flaggermus (m/f)	['flagər‚mʉs]
arminho (m)	røyskatt (m)	['røjskɑt]
zibelina (f)	sobel (m)	['sʉbəl]
marta (f)	mår (m)	['mɔr]
doninha (f)	snømus (m/f)	['snø‚mʉs]
vison (m)	mink (m)	['mink]

| castor (m) | bever (m) | ['bevər] |
| lontra (f) | oter (m) | ['utər] |

cavalo (m)	hest (m)	['hɛst]
alce (m)	elg (m)	['ɛlg]
veado (m)	hjort (m)	['jɔːt]
camelo (m)	kamel (m)	[ka'mel]

bisão (m)	bison (m)	['bisɔn]
auroque (m)	urokse (m)	['ur͵uksə]
búfalo (m)	bøffel (m)	['bøfəl]

zebra (f)	sebra (m)	['sebra]
antílope (m)	antilope (m)	[anti'lupə]
corça (f)	rådyr (n)	['rɔ͵dyr]
gamo (m)	dåhjort, dådyr (n)	['dɔ͵jɔːt], ['dɔ͵dyr]
camurça (f)	gemse (m)	['gɛmsə]
javali (m)	villsvin (n)	['vil͵svin]

baleia (f)	hval (m)	['val]
foca (f)	sel (m)	['sel]
morsa (f)	hvalross (m)	['val͵rɔs]
urso-marinho (m)	pelssel (m)	['pɛls͵sel]
golfinho (m)	delfin (m)	[dɛl'fin]

urso (m)	bjørn (m)	['bjœːŋ]
urso (m) branco	isbjørn (m)	['is͵bjœːŋ]
panda (m)	panda (m)	['panda]

macaco (em geral)	ape (m/f)	['ape]
chimpanzé (m)	sjimpanse (m)	[ʂim'pansə]
orangotango (m)	orangutang (m)	[u'raŋgu͵taŋ]
gorila (m)	gorilla (m)	[gɔ'rila]
macaco (m)	makak (m)	[ma'kak]
gibão (m)	gibbon (m)	['gibun]

elefante (m)	elefant (m)	[ɛle'fant]
rinoceronte (m)	neshorn (n)	['nes͵huːn]
girafa (f)	sjiraff (m)	[ʂi'raf]
hipopótamo (m)	flodhest (m)	['flud͵hɛst]

| canguru (m) | kenguru (m) | ['kɛŋguru] |
| coala (m) | koala (m) | [ku'ala] |

mangusto (m)	mangust, mungo (m)	[maŋ'gust], ['muŋgu]
chinchila (m)	chinchilla (m)	[ʂin'ʂila]
doninha-fedorenta (f)	skunk (m)	['skunk]
porco-espinho (m)	hulepinnsvin (n)	['hulə͵pinsvin]

89. Animais domésticos

gata (f)	katt (m)	['kat]
gato (m) macho	hannkatt (m)	['han͵kat]
cão (m)	hund (m)	['huŋ]

cavalo (m)	hest (m)	['hɛst]
garanhão (m)	hingst (m)	['hiŋst]
égua (f)	hoppe, merr (m/f)	['hɔpə], ['mɛr]

vaca (f)	ku (f)	['kʉ]
touro (m)	tyr (m)	['tyr]
boi (m)	okse (m)	['ɔksə]

ovelha (f)	sau (m)	['saʊ]
carneiro (m)	vær, saubukk (m)	['vær], ['saʊˌbʉk]
cabra (f)	geit (m/f)	['jæjt]
bode (m)	geitebukk (m)	['jæjtəˌbʉk]

| burro (m) | esel (n) | ['ɛsəl] |
| mula (f) | muldyr (n) | ['mʉlˌdyr] |

porco (m)	svin (n)	['svin]
leitão (m)	gris (m)	['gris]
coelho (m)	kanin (m)	[ka'nin]

| galinha (f) | høne (m/f) | ['hønə] |
| galo (m) | hane (m) | ['hanə] |

pata (f)	and (m/f)	['an]
pato (macho)	andrik (m)	['andrik]
ganso (m)	gås (m/f)	['gɔs]

| peru (m) | kalkunhane (m) | [kal'kʉnˌhanə] |
| perua (f) | kalkunhøne (m/f) | [kal'kʉnˌhønə] |

animais (m pl) domésticos	husdyr (n pl)	['hʉsˌdyr]
domesticado	tam	['tam]
domesticar (vt)	å temme	[ɔ 'tɛmə]
criar (vt)	å avle, å oppdrette	[ɔ 'avlə], [ɔ 'ɔpˌdrɛtə]

quinta (f)	farm, gård (m)	['farm], ['gɔːr]
aves (f pl) domésticas	fjærfe (n)	['fjærˌfɛ]
gado (m)	kveg (n)	['kvɛg]
rebanho (m), manada (f)	flokk, bøling (m)	['flɔk], ['bøliŋ]

estábulo (m)	stall (m)	['stal]
pocilga (f)	grisehus (n)	['grisəˌhʉs]
estábulo (m)	kufjøs (m/n)	['kuˌfjøs]
coelheira (f)	kaninbur (n)	[ka'ninˌbʉr]
galinheiro (m)	hønsehus (n)	['hønsəˌhʉs]

90. Pássaros

pássaro (m), ave (f)	fugl (m)	['fʉl]
pombo (m)	due (m/f)	['dʉə]
pardal (m)	spurv (m)	['spʉrv]
chapim-real (m)	kjøttmeis (m/f)	['çœtˌmæjs]
pega-rabuda (f)	skjære (m/f)	['ʂærə]
corvo (m)	ravn (m)	['ravn]

gralha (f) cinzenta	kråke (m)	['kro:kə]
gralha-de-nuca-cinzenta (f)	kaie (m/f)	['kajə]
gralha-calva (f)	kornkråke (m/f)	['kʊ:n‿kro:kə]

pato (m)	and (m/f)	['ɑn]
ganso (m)	gås (m/f)	['gɔs]
faisão (m)	fasan (m)	[fɑ'sɑn]

águia (f)	ørn (m/f)	['œ:ɳ]
açor (m)	hauk (m)	['haʊk]
falcão (m)	falk (m)	['fɑlk]
abutre (m)	gribb (m)	['grib]
condor (m)	kondor (m)	[kʊn'dʊr]

cisne (m)	svane (m/f)	['svɑnə]
grou (m)	trane (m/f)	['trɑnə]
cegonha (f)	stork (m)	['stɔrk]

papagaio (m)	papegøye (m)	[pape'gøjə]
beija-flor (m)	kolibri (m)	[kʊ'libri]
pavão (m)	påfugl (m)	['pɔˌfʉl]

avestruz (m)	struts (m)	['strʉts]
garça (f)	hegre (m)	['hæjrə]
flamingo (m)	flamingo (m)	[flɑ'mingʊ]
pelicano (m)	pelikan (m)	[peli'kɑn]

| rouxinol (m) | nattergal (m) | ['natərˌgɑl] |
| andorinha (f) | svale (m/f) | ['svɑlə] |

tordo-zornal (m)	trost (m)	['trʊst]
tordo-músico (m)	måltrost (m)	['mo:lˌtrʊst]
melro-preto (m)	svarttrost (m)	['svɑ:ˌtrʊst]

andorinhão (m)	tårnseiler (m), tårnsvale (m/f)	['tɔ:ɳˌsæjlə], ['tɔ:ɳˌsvɑlə]
cotovia (f)	lerke (m/f)	['lærkə]
codorna (f)	vaktel (m)	['vɑktəl]

pica-pau (m)	hakkespett (m)	['hakəˌspɛt]
cuco (m)	gjøk, gauk (m)	['jøk], ['gaʊk]
coruja (f)	ugle (m/f)	['ʉglə]
corujão, bufo (m)	hubro (m)	['hʉbrʊ]
tetraz-grande (m)	storfugl (m)	['stʊrˌfʉl]
tetraz-lira (m)	orrfugl (m)	['ɔrˌfʉl]
perdiz-cinzenta (f)	rapphøne (m/f)	['rapˌhønə]

estorninho (m)	stær (m)	['stær]
canário (m)	kanarifugl (m)	[kɑ'nɑriˌfʉl]
galinha-do-mato (f)	jerpe (m/f)	['jærpə]

| tentilhão (m) | bokfink (m) | ['bʊkˌfink] |
| dom-fafe (m) | dompap (m) | ['dʊmpap] |

gaivota (f)	måke (m/f)	['mo:kə]
albatroz (m)	albatross (m)	['albaˌtrɔs]
pinguim (m)	pingvin (m)	[piŋ'vin]

91. Peixes. Animais marinhos

brema (f)	brasme (m/f)	['brɑsmə]
carpa (f)	karpe (m)	['kɑrpə]
perca (f)	åbor (m)	['obɔr]
siluro (m)	malle (m)	['mɑlə]
lúcio (m)	gjedde (m/f)	['jɛdə]
salmão (m)	laks (m)	['lɑks]
esturjão (m)	stør (m)	['stør]
arenque (m)	sild (m/f)	['sil]
salmão (m)	atlanterhavslaks (m)	[at'lɑntərhɑfs‚lɑks]
cavala, sarda (f)	makrell (m)	[mɑ'krɛl]
solha (f)	rødspette (m/f)	['rø‚spɛtə]
lúcio perca (m)	gjørs (m)	['jø:ʂ]
bacalhau (m)	torsk (m)	['tɔʂk]
atum (m)	tunfisk (m)	['tʉn‚fisk]
truta (f)	ørret (m)	['øret]
enguia (f)	ål (m)	['ɔl]
raia elétrica (f)	elektrisk rokke (m/f)	[ɛ'lektrisk ‚rɔkə]
moreia (f)	murene (m)	[mʉ'rɛnə]
piranha (f)	piraja (m)	[pi'rɑjɑ]
tubarão (m)	hai (m)	['hɑj]
golfinho (m)	delfin (m)	[dɛl'fin]
baleia (f)	hval (m)	['vɑl]
caranguejo (m)	krabbe (m)	['krɑbə]
medusa, alforreca (f)	manet (m/f), meduse (m)	['mɑnet], [me'dʉsə]
polvo (m)	blekksprut (m)	['blek‚sprʉt]
estrela-do-mar (f)	sjøstjerne (m/f)	['ʂø‚stjæ:nə]
ouriço-do-mar (m)	sjøpinnsvin (n)	['ʂø:'pin‚svin]
cavalo-marinho (m)	sjøhest (m)	['ʂø‚hɛst]
ostra (f)	østers (m)	['østəʂ]
camarão (m)	reke (m/f)	['rekə]
lavagante (m)	hummer (m)	['hʉmər]
lagosta (f)	langust (m)	[lɑŋ'gʉst]

92. Amfíbios. Répteis

serpente, cobra (f)	slange (m)	['ʂlɑŋə]
venenoso	giftig	['jifti]
víbora (f)	hoggorm, huggorm (m)	['hʉg‚ɔrm], ['hʉg‚ɔrm]
cobra-capelo, naja (f)	kobra (m)	['kʉbrɑ]
pitão (m)	pyton (m)	['pytɔn]
jiboia (f)	boaslange (m)	['bɔɑ‚slɑŋə]
cobra-de-água (f)	snok (m)	['snʉk]

cascavel (f)	klapperslange (m)	['klapə‚slaŋə]
anaconda (f)	anakonda (m)	[ɑnɑ'kɔndɑ]
lagarto (m)	øgle (m/f)	['øglə]
iguana (f)	iguan (m)	[igʉ'ɑn]
varano (m)	varan (n)	[vɑ'rɑn]
salamandra (f)	salamander (m)	[sɑlɑ'mɑndər]
camaleão (m)	kameleon (m)	[kɑmələ'ʊn]
escorpião (m)	skorpion (m)	[skɔrpi'ʊn]
tartaruga (f)	skilpadde (m/f)	['ʂil‚pɑdə]
rã (f)	frosk (m)	['frɔsk]
sapo (m)	padde (m/f)	['pɑdə]
crocodilo (m)	krokodille (m)	[krʊkə'dilə]

93. Insetos

inseto (m)	insekt (n)	['insɛkt]
borboleta (f)	sommerfugl (m)	['sɔmər‚fʉl]
formiga (f)	maur (m)	['mɑʊr]
mosca (f)	flue (m/f)	['flʉə]
mosquito (m)	mygg (m)	['mʏg]
escaravelho (m)	bille (m)	['bilə]
vespa (f)	veps (m)	['vɛps]
abelha (f)	bie (m/f)	['biə]
mamangava (f)	humle (m/f)	['hʉmlə]
moscardo (m)	brems (m)	['brɛms]
aranha (f)	edderkopp (m)	['ɛdər‚kɔp]
teia (f) de aranha	edderkoppnett (n)	['ɛdərkɔp‚nɛt]
libélula (f)	øyenstikker (m)	['øjən‚stikər]
gafanhoto-do-campo (m)	gresshoppe (m/f)	['grɛs‚hɔpə]
traça (f)	nattsvermer (m)	['nɑt‚sværmər]
barata (f)	kakerlakk (m)	[kɑkə'lɑk]
carraça (f)	flått, midd (m)	['flɔt], ['mid]
pulga (f)	loppe (f)	['lɔpə]
borrachudo (m)	knott (m)	['knɔt]
gafanhoto (m)	vandgresshoppe (m/f)	['vɑn 'grɛs‚hɔpə]
caracol (m)	snegl (m)	['snæjl]
grilo (m)	siriss (m)	['si‚ris]
pirilampo (m)	ildflue (m/f), lysbille (m)	['il‚flʉə], ['lys‚bilə]
joaninha (f)	marihøne (m/f)	['mɑri‚hønə]
besouro (m)	oldenborre (f)	['ɔldən‚bɔrə]
sanguessuga (f)	igle (m/f)	['iglə]
lagarta (f)	sommerfugllarve (m/f)	['sɔmərfʉl‚lɑrvə]
minhoca (f)	meitemark (m)	['mæjtə‚mɑrk]
larva (f)	larve (m/f)	['lɑrvə]

FLORA

94. Árvores

árvore (f)	tre (n)	['trɛ]
decídua	løv-	['løv-]
conífera	bar-	['bɑr-]
perene	eviggrønt	['ɛvi‚grœnt]
macieira (f)	epletre (n)	['ɛplə‚trɛ]
pereira (f)	pæretre (n)	['pærə‚trɛ]
cerejeira (f)	morelltre (n)	[mʊ'rɛl‚trɛ]
ginjeira (f)	kirsebærtre (n)	['çişəbær‚trɛ]
ameixeira (f)	plommetre (n)	['plʊmə‚trɛ]
bétula (f)	bjørk (f)	['bjœrk]
carvalho (m)	eik (f)	['æjk]
tília (f)	lind (m/f)	['lin]
choupo-tremedor (m)	osp (m/f)	['ɔsp]
bordo (m)	lønn (m/f)	['lœn]
espruce-europeu (m)	gran (m/f)	['grɑn]
pinheiro (m)	furu (m/f)	['fʉrʉ]
alerce, lariço (m)	lerk (m)	['lærk]
abeto (m)	edelgran (m/f)	['ɛdəl‚grɑn]
cedro (m)	seder (m)	['sedər]
choupo, álamo (m)	poppel (m)	['pɔpəl]
tramazeira (f)	rogn (m/f)	['rɔŋn]
salgueiro (m)	pil (m/f)	['pil]
amieiro (m)	or, older (m/f)	['ʊr], ['ɔldər]
faia (f)	bøk (m)	['bøk]
ulmeiro (m)	alm (m)	['ɑlm]
freixo (m)	ask (m/f)	['ɑsk]
castanheiro (m)	kastanjetre (n)	[kɑ'stɑnjə‚trɛ]
magnólia (f)	magnolia (m)	[mɑŋ'nʉlia]
palmeira (f)	palme (m)	['pɑlmə]
cipreste (m)	sypress (m)	[sʏ'prɛs]
mangue (m)	mangrove (m)	[mɑŋ'grʊvə]
embondeiro, baobá (m)	apebrødtre (n)	['ɑpebrø‚trɛ]
eucalipto (m)	eukalyptus (m)	[ɛvkɑ'lyptʉs]
sequoia (f)	sequoia (m)	['sek‚vɔja]

95. Arbustos

arbusto (m)	busk (m)	['bʉsk]
arbusto (m), moita (f)	busk (m)	['bʉsk]

| videira (f) | vinranke (m) | ['vin͵rankə] |
| vinhedo (m) | vinmark (m/f) | ['vin͵mark] |

framboeseira (f)	bringebærbusk (m)	['briŋə͵bær bʉsk]
groselheira-preta (f)	solbærbusk (m)	['sʉlbær͵bʉsk]
groselheira-vermelha (f)	ripsbusk (m)	['rips͵bʉsk]
groselheira (f) espinhosa	stikkelsbærbusk (m)	['stikəlsbær͵bʉsk]

acácia (f)	akasie (m)	[a'kasiə]
bérberis (f)	berberis (m)	['bærberis]
jasmim (m)	sjasmin (m)	[ʂas'min]

junípero (m)	einer (m)	['æjnər]
roseira (f)	rosenbusk (m)	['rʉsən͵bʉsk]
roseira (f) brava	steinnype (m/f)	['stæjn͵nypə]

96. Frutos. Bagas

fruta (f)	frukt (m/f)	['frʉkt]
frutas (f pl)	frukter (m/f pl)	['frʉktər]
maçã (f)	eple (n)	['ɛplə]
pera (f)	pære (m/f)	['pærə]
ameixa (f)	plomme (m/f)	['plʉmə]

morango (m)	jordbær (n)	['juːr͵bær]
ginja (f)	kirsebær (n)	['çiʂə͵bær]
cereja (f)	morell (m)	[mʉ'rɛl]
uva (f)	drue (m)	['drʉə]

framboesa (f)	bringebær (n)	['briŋə͵bær]
groselha (f) preta	solbær (n)	['sʉl͵bær]
groselha (f) vermelha	rips (m)	['rips]
groselha (f) espinhosa	stikkelsbær (n)	['stikəls͵bær]
oxicoco (m)	tranebær (n)	['tranə͵bær]

laranja (f)	appelsin (m)	[apel'sin]
tangerina (f)	mandarin (m)	[manda'rin]
ananás (m)	ananas (m)	['ananas]

| banana (f) | banan (m) | [ba'nan] |
| tâmara (f) | daddel (m) | ['dadəl] |

limão (m)	sitron (m)	[si'trʉn]
damasco (m)	aprikos (m)	[apri'kʉs]
pêssego (m)	fersken (m)	['fæʂkən]

| kiwi (m) | kiwi (m) | ['kivi] |
| toranja (f) | grapefrukt (m/f) | ['grɛjp͵frʉkt] |

baga (f)	bær (n)	['bær]
bagas (f pl)	bær (n pl)	['bær]
arando (m) vermelho	tyttebær (n)	['tʏtə͵bær]
morango-silvestre (m)	markjordbær (n)	['mark juːr͵bær]
mirtilo (m)	blåbær (n)	['blɔ͵bær]

97. Flores. Plantas

flor (f)	blomst (m)	['blɔmst]
ramo (m) de flores	bukett (m)	[bʉ'kɛt]
rosa (f)	rose (m/f)	['rʉsə]
tulipa (f)	tulipan (m)	[tʉli'pan]
cravo (m)	nellik (m)	['nɛlik]
gladíolo (m)	gladiolus (m)	[gladi'ɔlʉs]
centáurea (f)	kornblomst (m)	['kʉːn̩ˌblɔmst]
campânula (f)	blåklokke (m/f)	['blɔˌklɔkə]
dente-de-leão (m)	løvetann (m/f)	['løvəˌtan]
camomila (f)	kamille (m)	[ka'milə]
aloé (m)	aloe (m)	['alʉe]
cato (m)	kaktus (m)	['kaktʉs]
fícus (m)	gummiplante (m/f)	['gʉmiˌplantə]
lírio (m)	lilje (m)	['liljə]
gerânio (m)	geranium (m)	[ge'ranium]
jacinto (m)	hyasint (m)	[hia'sint]
mimosa (f)	mimose (m/f)	[mi'mɔsə]
narciso (m)	narsiss (m)	[na'ʂis]
capuchinha (f)	blomkarse (m)	['blɔmˌkaʂə]
orquídea (f)	orkidé (m)	[ɔrki'de]
peónia (f)	peon, pion (m)	[pe'ʊn], [pi'ʊn]
violeta (f)	fiol (m)	[fi'ʊl]
amor-perfeito (m)	stemorsblomst (m)	['stemʊʂˌblɔmst]
não-me-esqueças (m)	forglemmegei (m)	[fɔr'gleməˌjæj]
margarida (f)	tusenfryd (m)	['tʉsənˌfryd]
papoula (f)	valmue (m)	['valmʉə]
cânhamo (m)	hamp (m)	['hamp]
hortelã (f)	mynte (m/f)	['mʏntə]
lírio-do-vale (m)	liljekonvall (m)	['liljə kɔn'val]
campânula-branca (f)	snøklokke (m/f)	['snøˌklɔkə]
urtiga (f)	nesle (m/f)	['nɛslə]
azeda (f)	syre (m/f)	['syrə]
nenúfar (m)	nøkkerose (m/f)	['nøkəˌrʉse]
feto (m), samambaia (f)	bregne (m/f)	['brɛjnə]
líquen (m)	lav (m/n)	['lav]
estufa (f)	drivhus (n)	['drivˌhʉs]
relvado (m)	gressplen (m)	['grɛsˌplen]
canteiro (m) de flores	blomsterbed (n)	['blɔmstərˌbed]
planta (f)	plante (m/f), vekst (m)	['plantə], ['vɛkst]
erva (f)	gras (n)	['gras]
folha (f) de erva	grasstrå (n)	['grasˌstrɔ]

folha (f)	blad (n)	['blɑ]
pétala (f)	kronblad (n)	['krɔnˌblɑ]
talo (m)	stilk (m)	['stilk]
tubérculo (m)	rotknoll (m)	['rʊtˌknɔl]

| broto, rebento (m) | spire (m/f) | ['spirə] |
| espinho (m) | torn (m) | ['tʉːɳ] |

florescer (vi)	å blomstre	[ɔ 'blɔmstrə]
murchar (vi)	å visne	[ɔ 'visnə]
cheiro (m)	lukt (m/f)	['lʉkt]
cortar (flores)	å skjære av	[ɔ 'ʂæːrə ɑː]
colher (uma flor)	å plukke	[ɔ 'plʉkə]

98. Cereais, grãos

grão (m)	korn (n)	['kʊːɳ]
cereais (plantas)	cerealer (n pl)	[sere'ɑlər]
espiga (f)	aks (n)	['ɑks]

trigo (m)	hvete (m)	['vetə]
centeio (m)	rug (m)	['rʉg]
aveia (f)	havre (m)	['hɑvrə]
milho-miúdo (m)	hirse (m)	['hiʂə]
cevada (f)	bygg (m/n)	['bʏg]

milho (m)	mais (m)	['mɑis]
arroz (m)	ris (m)	['ris]
trigo-sarraceno (m)	bokhvete (m)	['bʊkˌvetə]

ervilha (f)	ert (m/f)	['æːʈ]
feijão (m)	bønne (m/f)	['bœnə]
soja (f)	soya (m)	['sɔja]
lentilha (f)	linse (m/f)	['linsə]
fava (f)	bønner (m/f pl)	['bœnər]

PAÍSES DO MUNDO

99. Países. Parte 1

Afeganistão (m)	Afghanistan	[af'gani‚stan]
África do Sul (f)	Republikken Sør-Afrika	[repʉ'bliken 'sør‚afrika]
Albânia (f)	Albania	[al'bania]
Alemanha (f)	Tyskland	['tʏsklan]
Arábia (f) Saudita	Saudi-Arabia	['saʉdi a'rabia]
Argentina (f)	Argentina	[argɛn'tina]
Arménia (f)	Armenia	[ar'menia]

Austrália (f)	Australia	[aʉ'stralia]
Áustria (f)	Østerrike	['østə‚rikə]
Azerbaijão (m)	Aserbajdsjan	[aserbajd'şan]
Bahamas (f pl)	Bahamas	[ba'hamas]
Bangladesh (m)	Bangladesh	[bangla'dɛş]
Bélgica (f)	Belgia	['bɛlgia]
Bielorrússia (f)	Hviterussland	['vitə‚rʉslan]

Bolívia (f)	Bolivia	[bɔ'livia]
Bósnia e Herzegovina (f)	Bosnia-Hercegovina	['bɔsnia hersegɔ‚vina]
Brasil (m)	Brasilia	[bra'silia]
Bulgária (f)	Bulgaria	[bʉl'garia]
Camboja (f)	Kambodsja	[kam'bɔdşa]
Canadá (m)	Canada	['kanada]
Cazaquistão (m)	Kasakhstan	[ka'sak‚stan]
Chile (m)	Chile	['tşilə]
China (f)	Kina	['çina]
Chipre (m)	Kypros	['kʏprʊs]
Colômbia (f)	Colombia	[kɔ'lʊmbia]
Coreia do Norte (f)	Nord-Korea	['nuːr kʊ'rɛa]
Coreia do Sul (f)	Sør-Korea	['sør kʊ‚rea]
Croácia (f)	Kroatia	[krʊ'atia]

Cuba (f)	Cuba	['kʉba]
Dinamarca (f)	Danmark	['danmark]
Egito (m)	Egypt	[ɛ'gypt]
Emirados Árabes Unidos	Forente Arabiske Emiratene	[fɔ'rentə a'rabiskə ɛmi'ratenə]
Equador (m)	Ecuador	[ɛkʊa'dɔr]
Escócia (f)	Skottland	['skɔtlan]

Eslováquia (f)	Slovakia	[slʊ'vakia]
Eslovénia (f)	Slovenia	[slʊ'venia]
Espanha (f)	Spania	['spania]
Estados Unidos da América	Amerikas Forente Stater	[a'merikas fɔ'rentə 'statər]
Estónia (f)	Estland	['ɛstlan]
Finlândia (f)	Finland	['finlan]
França (f)	Frankrike	['frankrikə]

100. Países. Parte 2

Gana (f)	Ghana	['gɑnɑ]
Geórgia (f)	Georgia	[ge'ɔrgiɑ]
Grã-Bretanha (f)	Storbritannia	['stʉr briˌtɑniɑ]
Grécia (f)	Hellas	['hɛlɑs]
Haiti (m)	Haiti	[hɑ'iti]
Hungria (f)	Ungarn	['ʉŋɑːn]
Índia (f)	India	['indiɑ]

Indonésia (f)	Indonesia	[indʉ'nesiɑ]
Inglaterra (f)	England	['ɛŋlɑn]
Irão (m)	Iran	['irɑn]
Iraque (m)	Irak	['irɑk]
Irlanda (f)	Irland	['irlɑn]
Islândia (f)	Island	['islɑn]
Israel (m)	Israel	['isrɑəl]

Itália (f)	Italia	[i'tɑliɑ]
Jamaica (f)	Jamaica	[ʂɑ'mɑjkɑ]
Japão (m)	Japan	['jɑpɑn]
Jordânia (f)	Jordan	['jɔrdɑn]
Kuwait (m)	Kuwait	['kʉvɑjt]
Laos (m)	Laos	['lɑɔs]
Letónia (f)	Latvia	['lɑtviɑ]

Líbano (m)	Libanon	['libɑnɔn]
Líbia (f)	Libya	['libiɑ]
Liechtenstein (m)	Liechtenstein	['lihtɛnʂtæjn]
Lituânia (f)	Litauen	['liˌtɑuən]
Luxemburgo (m)	Luxembourg	['lʉksɛmˌbʉrg]
Macedónia (f)	Makedonia	[mɑke'dɔniɑ]
Madagáscar (m)	Madagaskar	[mɑdɑ'gɑskɑr]

Malásia (f)	Malaysia	[mɑ'lɑjsiɑ]
Malta (f)	Malta	['mɑltɑ]
Marrocos	Marokko	[mɑ'rɔkʉ]
México (m)	Mexico	['mɛksikʉ]
Myanmar (m), Birmânia (f)	Myanmar	['mjænmɑ]
Moldávia (f)	Moldova	[mɔl'dɔvɑ]
Mónaco (m)	Monaco	[mʉ'nɑkʉ]

Mongólia (f)	Mongolia	[mʉŋ'guliɑ]
Montenegro (m)	Montenegro	['mɔntəˌnɛgrʉ]
Namíbia (f)	Namibia	[nɑ'mibiɑ]
Nepal (m)	Nepal	['nepɑl]
Noruega (f)	Norge	['nɔrgə]
Nova Zelândia (f)	New Zealand	[njʉ'selɑn]

101. Países. Parte 3

Países (m pl) Baixos	Nederland	['nedəˌlɑn]
Palestina (f)	Palestina	[pɑle'stinɑ]

Panamá (m)	Panama	['panama]
Paquistão (m)	Pakistan	['paki͵stan]
Paraguai (m)	Paraguay	[parag'waj]
Peru (m)	Peru	[pe'ru:]
Polinésia Francesa (f)	Fransk Polynesia	['fransk pɔly'nesia]

Polónia (f)	Polen	['pʉlen]
Portugal (m)	Portugal	[pɔ:tʉ'gal]
Quénia (f)	Kenya	['kenya]
Quirguistão (m)	Kirgisistan	[kir'gisi͵stan]
República (f) Checa	Tsjekkia	['tʂɛkija]
República (f) Dominicana	Dominikanske Republikken	[dʉmini'kanskə repʉ'blikən]
Roménia (f)	Romania	[rʊ'mania]

Rússia (f)	Russland	['rʉslan]
Senegal (m)	Senegal	[sene'gal]
Sérvia (f)	Serbia	['særbia]
Síria (f)	Syria	['syria]
Suécia (f)	Sverige	['sværiə]
Suíça (f)	Sveits	['svæjts]
Suriname (m)	Surinam	['sʉri͵nam]

Tailândia (f)	Thailand	['tajlan]
Taiwan (m)	Taiwan	['taj͵van]
Tajiquistão (m)	Tadsjikistan	[ta'dʂiki͵stan]
Tanzânia (f)	Tanzania	['tansa͵nia]
Tasmânia (f)	Tasmania	[tas'mania]
Tunísia (f)	Tunisia	['tʉ'nisia]
Turquemenistão (m)	Turkmenistan	[tʉrk'meni͵stan]

Turquia (f)	Tyrkia	[tyrkia]
Ucrânia (f)	Ukraina	[ʉkra'ina]
Uruguai (m)	Uruguay	[ʉrygʉ'aj]
Uzbequistão (f)	Usbekistan	[ʉs'beki͵stan]
Vaticano (m)	Vatikanet	['vati͵kane]
Venezuela (f)	Venezuela	[venesʉ'ɛla]
Vietname (m)	Vietnam	['vjɛtnam]
Zanzibar (m)	Zanzibar	['sansibar]

www.ingramcontent.com/pod-product-compliance
Lightning Source LLC
Chambersburg PA
CBHW070819050426

42452CB00011B/2102